AF370479

Félix Lope de Vega y Carpio

El remedio en la desdicha

Barcelona **2024**
Linkgua-ediciones.com

Créditos

Título original: El remedio en la desdicha.

© 2024, Red ediciones S.L.

e-mail: info@linkgua.com

Diseño de cubierta: Michel Mallard.

ISBN tapa dura: 978-84-1126-250-7.
ISBN rústica: 978-84-9816-178-6.
ISBN ebook: 978-84-9897-248-1.

Sumario

Brevísima presentación

La vida

Félix Lope de Vega y Carpio (Madrid, 1562-Madrid, 1635). España.

Nació en una familia modesta, estudió con los jesuitas y no terminó la universidad en Alcalá de Henares, parece que por asuntos amorosos. Tras su ruptura con Elena Osorio (Filis en sus poemas), su gran amor de juventud, Lope escribió libelos contra la familia de ésta. Por ello fue procesado y desterrado en 1588, año en que se casó con Isabel de Urbina (Belisa).

Pasó los dos primeros años en Valencia, y luego en Alba de Tormes, al servicio del duque de Alba. En 1594, tras fallecer su esposa y su hija, fue perdonado y volvió a Madrid. Allí tuvo una relación amorosa con una actriz, Micaela Luján (Camila Lucinda) con la que tuvo mucha descendencia, hecho que no impidió su segundo matrimonio, con Juana Guardo, del que nacieron dos hijos.

Entonces era uno de los autores más populares y aclamados de la Corte. En 1605 entró al servicio del duque de Sessa como secretario, aunque también actuó como intermediario amoroso de éste. La desgracia marcó sus últimos años: Marta de Nevares una de sus últimas amantes quedó ciega en 1625, perdió la razón y murió en 1632. También murió su hijo Lope Félix. La soledad, el sufrimiento, la enfermedad, o los problemas económicos no le impidieron escribir.

La familia árabe de los Abencerrajes fue muy influyente en Granada durante el siglo XV. Su rivalidad con la de los Zegríes, en constantes guerras civiles, fue decisiva en la caída del reino de Granada. Esta historia fue también incorporada a la Diana de Montemayor en 1561.

Personajes

Abindarráez
Jarifa, hija de Zoraide
Zoraide, Alcaide de Cartama
Alborán, moro
Narváez
Alcaide de Alora
Nuño, soldado
Alara, mora, mujer de Arráez
Darín, paje de Alara
Páez, soldado
Bajamed, moro
Arráez, moro cautivo, marido de Alara
Espinosa, soldado
Alvarado, soldado
Cabrera, soldado
Ortuño, soldado
Peralta, soldado
Zara, esclava morisca
Maniloro, criado de Abindarráez.
Celindo, moro
Mendoza, sargento
Ardino, moro
Zaro, moro

Jornada primera

(Salen Jarifa y Abindarráez, cada uno por su lado, sin verse.)

Abindarráez   Verdes y hermosas plantas,
          que el Sol con rayos de oro y ojos tristes
          ha visto veces tantas,
          cuantas ha que de un alma el cuerpo fuistes;
          laureles, que tuvistes
          hermosura y dureza
          si no es el alma agora
          como fue la corteza,
          enternézcaos de un hombre la tristeza,
          que un imposible adora.

Jarifa   Corona vencedora
          de ingenios y armas, Dafne, eternamente,
          por quien desde el aurora
          hasta la noche llora tiernamente
          el Sol resplandeciente:
          si no habéis de ablandaros
          al son del llanto mío,
          ¿de qué sirve cansaros,
          y mi imposible pretensión contaros,
          que al viento solo envío?

Abindarráez   Claro, apacible río,
          que con el de mis lágrimas te aumentas,
          oye mi desvarío,
          pues que con él tus aguas acrecientas.
          razón será que sientas
          mis lágrimas y daños,
          pues sabes que me debes
          las que por mis engaños

llorar me has visto tan prolijos años,
y por bienes tan breves.

Jarifa

    Porque tu curso lleves,
famoso río, con mayor creciente,
y la margen renueves
que en tus orillas hizo la corriente
de aquella inmortal fuente,
que a mis ojos envía
el corazón más triste
que ha visto en su tardía
carrera el Sol en el más largo día,
hoy a mi llanto asiste.

Abindarráez

    Jardín, que adorna y viste
de tantas flores bellas Amaltea:
aquí, donde tuviste
aquella primavera que hermosea,
cuando por ti pasea;
aguas, yerbas y flores,
aquí vengo a quejarme,
y no de sus rigores,
sino de un imposible mal de amores,
que ya quiere acabarme.

Jarifa

    Si para lamentarme,
aquí, donde perdí mi libre vida,
lugar no quieren darme
el blando río y planta endurecida,
al cielo es bien que pida
piadoso oído atento.
Oídme, cielo hermoso;
óyeme, Amor, contento
de haber triunfado de mi libre intento

con arco poderoso.

Abindarráez	Si hay algún dios piadoso
para con los amantes, y si alguno
de este mal amoroso
probó el rigor, tan fiero y importuno;
pues no hay amor ninguno
que pueda ser tan fiero,
o me remedie o mate;
que por mi hermana muero,
y en tan dulce imposible desespero:
tal es quien me combate.

Jarifa	Al último remate
de mi cansada vida, al postrer dejo,
cuando no es bien que trate
de buscar medicina ni consejo,
como cisne me quejo.
Fiero Amor, inhumano,
mi hermano adoro y quiero,
por imposibles muero.

(Vense.)

Abindarráez	¡Jarifa!

Jarifa	¡Abindarráez!

Abindarráez	¡Hermana!

Jarifa	¡Hermano!

Abindarráez	Dame esos brazos dichosos.

Jarifa   Dadme vos los vuestros caros.

Abindarráez   ¡Ay, ojos bellos y claros!

Jarifa   ¡Ay, ojos claros y hermosos!

Abindarráez   ¡Ay, divina hermana mía!

Jarifa   ¡Ay, hermano mío gallardo!

Abindarráez (Aparte.) (¡Qué nieve cuando más ardo!)

Jarifa (Aparte.)   (¡Qué fuego entre nieve fría!)

Abindarráez (Aparte.)   (¿Qué esperas, tiempo inhumano?)

Jarifa (Aparte.)   (Tiempo inhumano, ¿qué esperas?)

Abindarráez (Aparte.) (¡Ah, si mi hermana no fueras!)

Jarifa (Aparte.)   (¡Ah, si no fueras mi hermano!)

Abindarráez   Señora, ¿de qué sabéis
                          que hermanos somos los dos?

Jarifa   De lo que yo os quiero a vos,
                          y vos a mí me queréis.
                            Todos nos llaman ansí,
                          y nuestros padres también;
                          que, a no serlo, no era bien
                          dejarnos juntos aquí.

Abindarráez   Si ese bien, señora mía,
                          por no serlo he de perder,

vuestro hermano quiero ser,
y gozaros noche y día.

Jarifa

Pues tú, ¿qué bien pierdes, di,
por ser hermanos los dos?

Abindarráez

A mí me pierdo y a vos.
¡Ved si es poco a vos y a mí!

Jarifa

Pues a mí me parecía
que a nuestros amores llanos
obligaba el ser hermanos,
y que otra causa no había.

Abindarráez

Sola esa rara hermosura
a mí me pudo obligar,
ese ingenio singular
y esa celestial blandura,
    esos ojos, luz del día,
esa boca y esas manos;
porque esto de ser hermanos,
antes me ofende y resfría.

Jarifa

No es justo que en el amor,
Abindarráez, tan justo,
de hermanos, halles disgusto,
siendo el más limpio y mejor.
    Amor que celos no sabe,
amor que pena no tiene,
a mayor perfección viene,
y a ser más dulce y suave.
    Quiéreme bien como hermano.
No te aflijas ni desveles;
sigue el camino que sueles,

verdadero, cierto y llano;
   que amor, que no tiene al fin
otro fin en que parar,
es el más perfeto amar;
que es al fin amar sin fin.

Abindarráez   ¡Ah, hermana! ¡pluguiera a Alá
que vuestro hermano no fuera,
y que este amor fin tuviera,
que el de mi vida será,
   y que celos y querellas
tuviera más que llorar
que arenas tiene la mar
y que tiene el cielo estrellas!
   Por bienes que son tan raros
era poco un mal eterno;
que penas, las del infierno
eran pocas por gozaros.
   Mas, pues vuestro hermano fui,
no despreciéis mi deseo.

Jarifa   Antes le estimo, y te creo.

Abindarráez   ¿Pediréte algo?

Jarifa   Sí.

Abindarráez   ¿Sí?

Jarifa   Sí, pues.

Abindarráez   ¿Qué te pediré?

Jarifa   Lo que te diere más gusto:

todo entre hermanos es justo.

Abindarráez   No fue justo, pues que fue.
    Ahora bien: dame una mano,
y pondréla entre estas dos,
por ver si así quiere Dios
que sepa que soy tu hermano.

Jarifa   ¿Aprietas?

Abindarráez   Doyla tormento
porque diga la verdad;
que es juez mi voluntad,
y potro mi pensamiento.
  Con los diez dedos te aprieto,
cordeles de mi rigor,
siendo verdugo el Amor,
que es riguroso en efeto.
  Pues agua no ha de faltar,
que bien la darán mis ojos;
di verdad a mis enojos.

Jarifa   Paso, que es mucho apretar;
  que no lo sé, por tu vida.

Abindarráez   Yo no te pregunto a ti.

Jarifa   ¿Ha de hablar la mano?

Abindarráez   Sí.
Bien podéis, mano querida
  Pero mi pregunta es vana,
y ella calla en el tormento.
A lo menos, en el tiento

no sabe a mano de hermana.
  ¿Que al fin lengua te faltó?
Dime, blanca, hermosa mano
¿soy su hermano? Digo «hermano»,
y responde el eco «no».
  Testigos quiero tomar.

Jarifa   ¿Qué testigos?

Abindarráez   Esos ojos,
a quien por justos despojos
mil almas quisiera dar.
  ¿No respondéis? Culpa os doy,
lenguas de fuego inhumano.
no me miran como a hermano;
no es posible que lo soy.
  Pues ¿preguntaré a la boca?
Esta no dirá verdad,
cuando pura voluntad
el instrumento no toca.
  Pues ¿a los tiernos oídos?
Pero ya con escucharme,
o pretenden consolarme
o quitarme los sentidos.
  El gusto, si está olvidado,
¿qué pregunta le he de hacer?
Que el gusto de la mujer
no quiere ser preguntado.
  Mas ¿qué importa, ojos, oídos,
boca, manos, gusto, haceros
testigos, si he de perderos
solo porque sois queridos?
  Dése, pues, ya la sentencia
en que sea el cuerpo hermano,

y el alma no; que es en vano
querer que tenga paciencia;
    pero, aunque vencido estoy
y a la muerte condenado,
quiero morir coronado,
pues como víctima voy.
    Dadme, hermosas flores bellas,
rubí, zafir y esmeralda
para hacer una guirnalda.

(Compone una guirnalda.)

Jarifa

Bien es que te adornes de ellas.
    Triunfa de mi loco amor
y de mi seso perdido;
que, aunque piensas por vencido,
yo sé que es por vencedor.
    Pon la rosa carmesí
de mi prestada alegría,
y mi celosa porfía
en el lirio azul-turquí;
    en el alelí pajizo
mi desesperado ardor,
y en la violeta el amor
que mi voluntad deshizo;
    mi imposible en el jazmín
blanco, sin dar en el blanco.

Abindarráez

¡Cuánto se te muestra franco
el cielo, hermoso jardín!
    Bella guirnalda he tejido,
ciña mis dichosas sienes.

(Pónese la guirnalda.)

Jarifa Galán por extremo vienes.

Abindarráez Y coronado y vencido.

Jarifa
   Muestra, pondrémela yo.
¿Qué te parece de mí?
¿No estoy buena?

Abindarráez   Mi bien, sí.

Jarifa ¿Soy tu hermana?

Abindarráez
               Mi bien, no;
y en lo que os quiero me fundo.

Jarifa Dime ya tu parecer.

Abindarráez
Hoy acabáis de vencer,
como otro Alejandro, el mundo.
   Parece que agora en él
no cabe vuestra persona,
y que os laurea y corona
por reina y señora de él.

Jarifa
   Si así fuera, dulce hermano,
vuestra fuera la mitad.

Abindarráez
¿Tanto bien a mi humildad?
Dadme vuestra hermosa mano.

(Salen Zoraide y Alborán.)

Zoraide   ¿Eso dicen en Granada

del buen Fernando?

Alborán   Esta nueva
agora la fama lleva.

Zoraide   Tu buen suceso me agrada
no hay a quien amor no deba.

Alborán   Es muy propio del valor
obligar al tierno amor
desde el propio hasta el extraño.
no habrá más guerras este año,
que ansí lo dice Almanzor.

Zoraide   ¿Traes cartas?

Alborán   Señor, sí.

Abindarráez   Nuestro padre.

Zoraide   ¡Oh hijos caros!
huélgome mucho de hallaros
en esta ocasión aquí.
Llegad, que quiero abrazaros.

Abindarráez   Sin duda trae Alborán
Buenas nuevas.

Zoraide   No me dan
poco gusto, si este invierno
descansare del gobierno
de militar capitán.

Abindarráez   ¿Dejó Fernando la guerra?

Alborán   Por este año está olvidada.

Zoraide   Colguemos todos la espada,
                 y esté segura la tierra,
                 y la frontera guardada;
                     que harto el cuidado me aprieta
                 en defender a Cartama,
                 porque jamás en la cama
                 me halló el Sol ni la trompeta,
                 que la gente al campo llama.
                     Fernando es ido a Toledo
                 seguro pienso que quedo
                 de dejar la casa. Ven,
                 responderé al Rey y a Hacén
                 cuánto agradecerles puedo.
                     O quédate, si por dicha
                 Abindarráez quisiere
                 saber nuevas.

Abindarráez   No hay que espere
                 después de la nueva dicha.
(Aparte.)   (Aquí mi esperanza muere.)

Zoraide   Ven tú, Jarifa, que tengo
                 que hablarte.

Jarifa   Adiós. Luego vengo.

(Vanse Jarifa y Zoraide.)

Abindarráez (Aparte.) (¿Que aquí mi padre se queda?
                 ¿Posible es que vivir pueda
                 la esperanza que entretengo?)

Alborán, ¿que no hay jornada?

Alborán

Ya el cristiano ha recogido
sobre la pica ferrada
el tafetán descogido
de la bandera cruzada.
   Ya Mendozas y Guzmanes,
Leivas, Toledos, Bazanes,
Enríquez, Rojas, Girones,
Pachecos, Lasos, Quiñones,
Pimenteles y Lujanes,
   truecan las armas por galas,
por música el atambor,
y por las plazas las salas,
y a Belona por Amor,
a quien nacen nuevas alas.
   Ya Bencerrajes, Zegríes,
Zaros, Muzas, Alfaquíes,
Abenabós, Albenzaides,
Mazas, Gomeles y Zaides,
Hacenes y Almoradíes
   dejan lanzas, toman varas,
juegan cañas, corren yeguas;
que se escuchan a dos leguas
los relinchos y algazaras
con que celebran las treguas.

Abindarráez

   ¿Abencerrajes dijiste?
Pues ¿han quedado en Granada
después del suceso triste?

Alborán

Fuese la lengua engañada
al nombre ilustre que oíste;
   Que ya no hay en todo el mundo

Sino tú.

Abindarráez   ¿Cómo?

Alborán   No digo
sino que eres tú segundo
al valor de que es testigo
cielo, tierra y mar profundo.

Abindarráez   No, Alborán, eso me di.
Dame esa mano.

Alborán   Mancebo,
¡Qué deudos perder te vi!
Reviente con llanto nuevo
el alma de nuevo aquí.
    No te miro vez alguna,
que de su triste fortuna
y próspera no me acuerde.
A nadie de vista pierde
La envidia, aunque esté en la Luna.
    Aún veo en viles espadas
las cabezas separadas
de aquellos ilustres cuellos,
y asidas de los cabellos,
en el Alhambra clavadas.
    Aún corre la sangre aquí,
y aún aquí la envidia aleve
me parece que la bebe.
¡Oh vil Gomel, vil Zegrí!
¿Lloras?

Abindarráez   Su historia me mueve.
Pero dime, Alborán, así los cielos

te dejen ver el fin de tu esperanza,
y lo que quieres bien gozar sin celos;
    ansí en el campo tu gallarda lanza
y en la plaza tu caña sea famosa,
y el Rey te dé su Alhambra en confianza;
    ansí de amiga cara o dulce esposa,
si de ellos tienes esperanzas vanas,
alcances hijos, sucesión dichosa;
    y de ellos, en moriscas africanas,
los nietos, que colgados de tu cuello,
con tiernas manos jueguen con tus canas;
    ansí primero veas su cabello
nevado que tu muerte, y lleno acabes
de fama y años, que Alá puede hacello,
    que me digas, pues sé yo que lo sabes,
si soy yo Bencerraje, y si desciendo
de los que alabas y es razón que alabes,
    o, como por ventura estoy temiendo,
soy hijo del alcaide de Cartama,
puesto que la verdad del alma ofendo;
    que por la fe que el noble estima y ama,
de guardarte secreto eternamente.
Dime tú lo que dicen alma y fama.

Alborán
    ¡Oh ilustre y generoso descendiente
de aquellos malogrados Bencerrajes
por su valor y envidia juntamente!
    ¡Oh reliquia de aquellos dos linajes!
¡Oh fénix de su muerte a sangre y fuego,
porque mejor de los aromas bajes!
    En este punto de Granada llego,
y el traer sangre tuya en la memoria
—que casi te la doy en llanto ciego.
    Ha hecho que te obligue con su historia,

que ya la sabes por ajena fama,
a restaurar su antiguo nombre y gloria.
    No es tu padre el alcaide de Cartama;
que puesto que es tan noble, fue Selimo...
Pero el Alcaide, como ves, me llama.
    No puedo detenerme.

Abindarráez   Tanto estimo...

Alborán   Venme después a hablar.

Abindarráez   ¿Que así me dejas?

Alborán   Perdona un poco.

(Vase.)

Abindarráez   Mi esperanza animo.
Cierre la puerta el alma a tantas quejas.
    Hermosas, claras, cristalinas fuentes,
jardines frescos, celebrados árboles,
que aquí me vistes de Jarifa hermano,
ya no soy el hermano de Jarifa;
ya puedo ser su amante y ser su esposo
dad todos parabién a Abindarráez.
    Ya no soy aquel triste Abindarráez
que os daba tanto llanto, puras fuentes;
ya no escribiré hermano, sino esposo,
por las cortezas de los verdes árboles.
Pero, si no me quiere mi Jarifa,
¿Cuánto mejor me fuera ser su hermano?
    Mas, aunque no me quiera, el ser su hermano
ya quita la esperanza a Abindarráez
de la gloria que el alma ve en Jarifa.

dirán que esto es verdad las sordas fuentes,
y sus hojas harán lenguas los árboles.
Tanto es el bien de poder ser su esposo.

   Si solo el ser posible ser su esposo
estorbaba del todo el ser su hermano,
jardines, hiedras, flores, plantas, árboles,
aquí, donde lloraba Abindarráez,
hechos sus ojos caudalosas fuentes,
aquí se llama esposo de Jarifa.

   ¡Cielos! ¿Que gozar puedo de Jarifa?
¿Que ya es posible que yo sea su esposo?
Riendo lo murmuran estas fuentes,
que me llamaron tristemente hermano.
Decid que soy su esposo Abindarráez;
que el viento os dará voz, amigos árboles.

   ¡Qué de veces al pie de aquestos árboles
miré los bellos ojos de Jarifa,
y ella me dijo: «¡Hermano Abindarráez!».
Pues ya su esposo soy, no soy su hermano,
o a lo menos ya puedo ser su esposo.
Decídselo, si vuelve, claras fuentes.

   Fuentes, ya cesa el llanto; verdes árboles,
ya parto a ser esposo de Jarifa,
Que ya no soy su hermano Abindarráez.

(Vase. Salen Narváez y Nuño.)

Narváez   Bañaba el Sol la crespa y dura cresta
del fogoso león por alta parte,
cuando Venus lasciva y tierno Marte
en Chipre estaban una ardiente siesta.

   La diosa, por hacerle gusto y fiesta,
la túnica y el velo deja aparte;
sus armas toma, y de la selva parte,

del yelmo y plumas y el arnés compuesta.
    Pasó por Grecia, y Palas vióla en Tebas,
y díjole: «Esta vez tendrá mi espada
vitoria igual de tu cobarde acero».
    Venus le respondió: «Cuando te atrevas,
verás cuánto mejor te vence armada
la que desnuda te venció primero».

Nuño

    Oyendo he estado hasta el fin,
si en historias tengo parte,
ésa de Venus y Marte,
desarmado en el jardín;
    y que Palas la vio en Tebas,
y vencerla quiso armada,
porque cortase su espada
desde la gola a las grevas;
    y que Venus respondió
—que es todo filatería—
que armada la vencería
quien desnuda la venció.
    Pero, señor, ¿a qué intento
tanto estos días te inclinas
a Venus, cuanto afeminas
a nuestro Marte sangriento?
    Dime la causa, señor.

Narváez

Todo es, Nuño, declararte
que, puesto que armado Marte,
le vence desnudo Amor.

Nuño

    ¡Pues qué! ¿Un fuerte capitán
puede a nadie estar sujeto?

Narváez

¿A un dios no?

Nuño   ¿Dios?

Narváez   En efeto,
               a Amor ese nombre dan.

Nuño   ¿Quién le dio?

Narváez   La antigüedad.

Nuño   ¡Gentil dios! ¡Buena razón!
               ¡Donde hay tanta imperfección,
               inconstancia y variedad!
                  Entre otras mil cosas, dos
               le quitan ese gobierno.

Narváez   ¿Cuáles son?

Nuño   No ser eterno,
               forzoso atributo en dios,
                  y carecer de razón.

Narváez   Luego Amor ¿no es inmortal?

Nuño   No; que al primer vendaval
               suele mudar de opinión;
                  y tarde se ve en mujer
               amor firme, amor durable.

Narváez   Antes no hay mujer mudable
               cuando comienza a querer,
                  y no hay para qué te afirmes
               en el engaño que cobras.
               Hacémoslas malas obras,

y querémoslas muy firmes.
    Antes amor en el hombre
suele ser más imperfecto.

Nuño

Antes, por ser más perfecto,
le dieron como hombre el nombre,
    porque a ser, antes o agora,
más en mujer su valor,
no le llamaran Amor.

Narváez

¿Qué le llamaran?

Nuño

Amora.

Narváez

¡Amora!

Nuño

Sí. ¿No pintamos
como mujer la Piedad,
la Castidad, la Verdad,
porque en ellas tanta hallamos?
    Pues si en mujer el querer
es de perfección capaz,
¿por qué le pintan rapaz,
y no en forma de mujer?
    Mas, dejando a las escuelas
tan vanas sofisterías,
dime, señor, ¿de qué días
es este dolor de muelas?

Narváez

De un mes.

Nuño

Y ¿quién te enamora?

Narváez

Bien dices; que mora fue.

Nuño   ¡Mora!

Narváez   Mora.

Nuño   Bien podré
cantarte: «A la perra mora».
    ¿Dónde la viste?

Narváez   En Coín.

Nuño   ¿Cuándo?

Narváez   En las treguas pasadas,
dando a unas rejas doradas
por remate un serafín.

Nuño   Y el zancarrón de Mahoma
¿te da a ti desasosiego?

Narváez   ¡Oh, Nuño! Todo soy fuego,
que hable o calle, duerma o coma.

Nuño   No se te dé dos cuatrines;
consuelo y regalo toma,
que en el cielo de Mahoma
son bajos los serafines.
    Estas moras son lascivas;
tú eres hombre famoso;
no será dificultoso
gozarla, como la escribas.
    Toda esta tierra te adora
por galán, noble y discreto,
valiente, rico. En efeto,

ya te conoce esa mora.
      Dame una carta, y yo haré
que venga esa galga aquí.

Narváez   ¿Llevaréssela tú?

Nuño   Sí;
que bien su arábigo sé.
      Pondréme unos almaizales,
y hecho moro, iré a Coín
a traerte el serafín,
que aquesta noche regales;
      que basta por testimonio
que te firmes «don Rodrigo
de Narváez».

Narváez   ¡Oh, Nuño amigo!
¡Vive Dios, que eres demonio!
      Pero la letra cristiana,
¿Cómo la podrá entender?

Nuño   Que para todo ha de haber
remedio e industria humana.
      Aquel moro, tu cautivo,
la escribirá.

Narváez   Dices bien.

Nuño   Pues voy por él.

Narváez   Trae también
Recado.

Nuño   Ya le apercibo.

(Vase.)

Narváez

    Amor, si fuerais igual
a la edad y al cuerpo mío,
yo os retara en desafío;
pero así, parece mal.
    Aquel fronterizo fuerte,
aquel andaluz temido,
aquel Narváez, que ha sido
entre moros rayo y muerte,
    hoy vencéis, hoy sujetáis
con una mora. ¿Qué es esto?

(Sale Nuño, con recado de escribir y Arráez.)

Nuño

Toma esa pluma. Di presto.

Arráez

¿Qué es, señor, lo que mandáis?

Narváez

    Hinca la rodilla en tierra,
y escribe.

Arráez

    Decid, señor.

Narváez

¿Eres hombre de valor?

Arráez

Fuílo en la paz y la guerra.

Narváez

    ¿Dónde tan a solas ibas
cuando ayer te cautivé?

Arráez

Después te lo contaré,
Señor, que esta carta escribas.

Narváez   ¿Cómo te llamas?

Arráez   Arráez.

Narváez   ¿De dónde eres?

Arráez   De Coín.

Nuño   ¿Conoces al serafín
                           de Rodrigo de Narváez?

Narváez   Calla, loco, que ya escribo.

Nuño (Aparte.)   (No creo que lo estás poco.)

(Dicta Narváez y escribe el moro Arráez.)

                           ¡Cuántos locos hace un loco!
                           ¡Cuerdo yo, que libre vivo!
                             ¡Vive Dios, que es gran flaqueza
                           tropezar la voluntad;
                           que amor es enfermedad,
                           y sale por la cabeza!
                             Yo no quiero más amor
                           que mis armas y caballo;
                           en esto mis gustos hallo,
                           y me porto a mi sabor.
                             Solo mi arnés es mi dama;
                           éste adoro, de éste fío,
                           tanto, que, a no ser tan frío,
                           aun le acostara en la cama.
                             Yo le limpio, yo le visto,
                           porque en la necesidad

me muestra la voluntad
con que una espada resisto.
    Mi amor es lanza y caballo;
soldado que a amor se inclina,
tan cerca está de gallina,
cuanto pretende ser gallo.
    Bien que, Amor, ya os tengo a vos
alguna vez por juez;
pero esto sola una vez,
que no ha de ser más —¡por Dios!
    La mujer, fácil estopa,
es mancha de aceite, fuego,
que, si no se ataja luego,
cunde por toda la ropa.

Narváez   No tengo que decir más.

Arráez   Mucho debe a tu valor
                     ésta a quien tienes amor.

Narváez   Bien la quiero.

Arráez   Tierno estás,
                     pues te confiesas vencido,
                     siendo Narváez, señor,
                     el hombre más vencedor
                     que el mundo ha visto y tenido.

(Narváez habla aparte a Nuño.)

Narváez   Toma, Nuño, y a un baleón
                     de cuatro rejas azules,
                     después que te disimules
                     con la trazada invención,

dirige tus pasos ciertos;
que en la plaza le verás.
Llama a su puerta.

Nuño   Y ¿qué más?

Narváez   La respuesta y los conciertos.

Nuño   La mora ¿se llama?

Narváez   Alara,
y que es casada he sabido.

Nuño   Creo que con su marido
más presto se negociara;
    que te tienen tanto amor
los moros de estas fronteras,
que es lo menos que pudieras
alcanzar de su favor.

Arráez   Dice Nuño la verdad.
Adoran tu nombre y fama.

Nuño   Voyme.

Arráez   ¡Dichosa la dama
a quien tienes voluntad!

Narváez   Guíete Amor.

(Vase Nuño.)

Narváez   Dime, Arráez,
¿Dónde ayer ibas?

Arráez   Señor,
solo a saber que el amor
era mayor que Narváez.
   Mi cautiverio he tenido,
señor, por bien empleado,
solo por ver humillado
hombre a quien nadie ha vencido.
   Yo iba a ver mi labor,
y alejéme, sin pensallo,
donde me llevó el caballo
y a él le llevó el furor.

Narváez   Pues ¿en qué ibas divertido?

Arráez   En un largo pensamiento
con que a veces mar y viento,
cielo, fuego y tierra mido.

Narváez   Moro, pues sabes el mío,
dime el tuyo; que, si puedo,
Obligado a tu bien quedo.

Arráez   De tu grandeza lo fío.

Narváez   Ésta mi pasión me obliga
a pensar qué quieres.

Arráez   Quiero...
Pero mi tormento fiero
no permitáis que os le diga;
   mayor es que Amor airado.

Narváez   ¿Mayor que Amor puede ser?

Arráez   Es celos de mi mujer,
                Rodrigo; que soy casado.

Narváez   ¡Con celos, y estás aquí!
                No lo quiera Dios, Arráez;
                Ya eres libre.

Arráez   ¡Oh gran Narváez!
                Hoy vive mi honor por ti.
                   Dame esos pies.

Narváez   Vete luego.
(Llamando.)   ¡Páez!

(Sale Páez.)

Páez   ¿Señor?

Narváez   Dale a este moro
                su caballo y armas.

Arráez   Lloro
                de alegría.

Páez   Ya lo entrego.

(Vase.)

Arráez   Yo te enviaré mi rescate,
                a fe de hidalgo.

Narváez   Con celos
                no quieran, moro, los cielos

que yo en la prisión te mate.
  Vete libre, que es razón,
aunque poco te has quedado,
que con celos y casado,
no quieras mayor prisión.
  ¿Tienes hermosa mujer?

Arráez   No la hay más bella en Coín.

Narváez   Aunque soy cristiano, en fin,
te he de dar mi parecer.
  Mira no entienda de ti
que de su amor no te fías,
que, en viendo que desconfías,
todo lo ha de hacer ansí.
  Ámala, sirve y regala,
con celos no la des pena;
que no hay mujer que sea buena
si ve que piensan que es mala.

Arráez   No solo das libertad,
mas saludables consejos.

Narváez   Pues estoy de darlos lejos,
y tengo necesidad.
  Parte a Coín, porque veas
mi mora, que no conoces.

Arráez   ¡Plega al cielo que la goces
con el gusto que deseas!

(Vanse. Salen Abindarráez y Jarifa.)

Abindarráez   Ya que no me amáis, señora,

como antes, de amor tan llano,
cual era el de vuestro hermano,
habladme más tierno agora.
  Decidme lo que sentís,
Jarifa hermosa, y creed
que me hacéis mayor merced
cuanto más de mí os servís.
  Ya pasó el temor cobarde
que la hermandad nos ponía;
habladme, Jarifa mía,
más tierno, así el cielo os guarde.

Jarifa   ¿Qué te tengo de decir?

Abindarráez   Tu ingenio, ¿puede ignorar
qué es hablar, sabiendo amar,
sabiendo amar, qué es sentir?

Jarifa   Si digo lo que te quiero,
¿qué te puedo decir más?

Abindarráez   Es libro o carta que das
sin el título primero;
   cuando al Rey quieren hablar,
o negociar por escrito,
¿no le llaman grande, invito?

Jarifa   Ansí le suelen llamar.

Abindarráez   Pues títulos tiene amor.

Jarifa   ¿Cómo?

Abindarráez   Mi bien, alma y vida;

la esperanza entretenida
ansí negocia el favor.

Jarifa
   Luego ¿diréte mi bien?

Abindarráez
¿Soy tu bien?

Jarifa
       Sí.

Abindarráez
       Pues «bien» dices,
y porque ansí le autorices
al amor contra el desdén.

Jarifa
   Luego, si mi alma eres,
¿ansí tengo de llamarte?

Abindarráez
¿Eso tengo de enseñarte,
o es que decirlo no quieres?
   Nadie las ciencias podría
sin la experiencia saber;
mas no es posible aprender
el amor y la poesía
   el hacer versos y amar
naturalmente ha de ser.

Jarifa
Si no es siendo tu mujer,
yo no me puedo esforzar.

Abindarráez
   Pues, mi bien, si soy cautivo
de tu padre, y como preso,
por aquel triste suceso,
en fe de su guarda vivo;
   si él piensa que yo no sé
que soy preso Bencerraje,

del envidiado linaje
que un tiempo el más noble fue,
   ¿cómo te podré pedir?
casémonos de secreto,
cuanto el ser preso y sujeto
puedan, mi bien, permitir.

Jarifa
      Como palabra me des
que libre la cumplirás.

Abindarráez
Y eso ¿a quién le importa más?
Dame tus hermosos pies.

Jarifa
      La mano te quiero dar.
Tuya soy desde este día.

Abindarráez
Yo tuyo, Jarifa mía.
Ya bien te puedo abrazar.

Jarifa
      Como hermano y como esposo,
de que ya te doy la mano.

Abindarráez
No hables de eso de hermano,
que vuelvo a estar temeroso.
   ¡Oh famoso y claro día,
que tanta gloria me apresta!
Cada año os haré una fiesta
por señal de mi alegría.
   ¡Oh bien sufrido tormento!
¡Oh bien lograda esperanza,
bien fundada confianza,
bien nacido pensamiento!
   ¡Alegres pesares míos,
discreta y justa porfía,

cuerda y famosa osadía,
venturosos desvaríos!
    ¡Dulce amar, dulce penar,
dulce temer, dulce ver,
dulcísimo padecer,
felicísimo esperar!
    ¡Favoreced hasta el fin
empresa tan justa, cielos,
sin mudanza, olvido y celos!

Jarifa   Mi padre viene al jardín.

Abindarráez   Huyamos.

Jarifa   Dame la mano;
deja de estar temeroso.

Abindarráez   Ya temo, secreto esposo,
lo que no público hermano.
    Vamos donde no nos vea
tratar de nuestro contento;
que aún temo que el pensamiento
visto de sus ojos sea.
    Mira que me has de querer.

Jarifa   Hasta morir te he de amar.

Abindarráez   Pues yo no te he de olvidar.

Jarifa   Eres hombre.

Abindarráez   Y tú mujer.

Jarifa   Para ti soy piedra.

Abindarráez   Y yo.

Jarifa   Pues no temas.

Abindarráez   Probaré.

Jarifa   Quiéreme mucho.

Abindarráez   Sí haré.

Jarifa   Ya ¿no soy tu hermana?

Abindarráez   No.

Jarifa   ¿No en público?

Abindarráez   Aún no quisiera.

Jarifa   Ya eres mi bien.

Abindarráez   Tú mi vida.

Jarifa   ¿Soy tu hermana?

Abindarráez   Sí, fingida.

Jarifa   ¿Y tu esposa?

Abindarráez   Verdadera.

(Vanse. Salen Alara, mora, Darín, paje y, luego, Nuño.)

Alara   ¿Moro a mí de Alora?

Darín   A ti
busca un morisco de Alora.

Alara   ¿Dice a Alara?

Darín   Sí, señora.

Alara   Di que entre.

Darín   Ya viene aquí.

(Sale Nuño, en hábito de moro.)

Nuño   Dame, señora, los pies,
después que te guarde Alá.

Alara   ¿Si mi Arráez preso está?
moro, di presto lo que es.

Nuño   Solos habemos de hablar.

Alara   Salte allá fuera, Darín.

(Vase Darín.)

Nuño   Para venir a Coín
quise este traje tomar;
  que sabed que soy cristiano
y soldado de Narváez.

Alara   No son nuevas de mi Arráez.
Salió el pensamiento vano.
  Pues, cristiano, el Capitán,

¿qué puede quererme a mí?

Nuño
No os quiere poco, si aquí
correspondencia le dan.
    Está perdido por vos,
que os vio en las treguas pasadas
sobre estas rejas doradas.

Alara
¡Qué necios que sois los dos,
    el alcaide en enviarte,
y tú en venir!

Nuño (Aparte.)
                    (No entra bien;
pero es el primer desdén.)

Alara
A ti no debo culparte,
    que eres, en fin, mensajero;
aunque a buen tiempo has venido,
que no está aquí mi marido,
y ha tres días que le espero;
    pero a él, que es tan discreto,
como nos dice la fama,
mucho le culpo.

Nuño
                    Si os ama,
no tiene culpa, os prometo.
    Esta carta leed agora,
veréis en lo que se funda.

Alara
Va la necedad segunda.

(Lee.)
«Narváez, alcaide de Alora.»

(Aparte.)
        (¡Ay de mí! La firma es suya,

y la letra de mi Arráez.)

¿Quién escribe esto a Narváez,
cristiano, por vida tuya?

Nuño
                    Un moro, para que fuese
más claro.

Alara
                              ¿Qué suerte de hombre?

Nuño
Ni sus señas ni su nombre
podré darte, aunque quisiese.
    Dos días ha que está cautivo,
que en una celada dio.

Alara
¿Sabe a quién escribe?

Nuño
                                    No.

Alara (Aparte.)
(Algún consuelo recibo;
    que es en extremo celoso.)
Esta letra he conocido.

Nuño
¿Cómo?

Alara
                        Que es de mi marido.

Nuño
Aún será el cuento gracioso.
    Luego el cautivo de allá,
¿Es vuestro marido?

Alara
                                Sí.

Nuño (Aparte.)
(Yo negocio por aquí.

segura la prenda está.)
    Pues alto: venid conmigo,
trataréis de su rescate.

Alara   Justo será que de él trate,
aunque injusto el ir contigo.

(Aparte.)   (Pero donde está mi Arráez,
más sus celos aseguro,
y más si su bien procuro.
Pero ¿qué dirá Narváez?
    que voy a lo que me llama,
sin duda, creerá de mí.)

Nuño (Aparte.)   (Basta; que llevo de aquí
a uno mujer y a otro dama.)

Alara (Aparte.)   (Mas diga lo que quisiere,
pues se ha de desengañar:
mis joyas quiero llevar,
y el dinero que pudiere.)
    Vamos, que es de amor indicio.
Haré ensillar en qué vamos.

Nuño (Aparte.)   (Una para dos llevamos;
No anda muy malo el oficio.)

(Vanse. Salen Zoraide, Jarifa, y Abindarráez.)

Zoraide   No me puede pesar con más extremo.
Forzosa es mi partida, Abindarráez,
y el dejarte en Cartama es más forzoso,
en poder del alcaide que aquí viene;
que así lo escribe el Rey y así lo manda.

Abindarráez   ¿Que así lo manda el Rey y así lo escribe?

Zoraide   Que me parta a Coín con mi familia
me manda el Rey, y que te deje solo
aquí en Cartama, mientras Zaro viene,
que ha de ser el alcaide de Cartama.
Yo me he de partir hoy, porque me manda
que acuda de Coín a la flaqueza,
de los fieros cristianos oprimida,
ejercitados en continuos robos,
celadas, quemas, correrías, talas,
y otras malas y ruines vecindades
que suelen siempre hacer los fronterizos,
y más donde Rodrigo de Narváez
está con tal valor, consejo y fuerza,
que es uno de los nueve que publica
del sur al norte la española fama.

Abindarráez   ¿Que así lo manda el Rey y así lo escribe?

Zoraide   Hijo, Dios sabe lo que a mí me pesa,
si basta solamente decir hijo.
¿Cómo puedo exceder de lo que él manda?

Abindarráez   ¿De qué me tiene el Rey a mí tal odio,
si os hace el Rey a vos mercedes tantas?
¿Por ventura soy yo del Rey esclavo?
¿He cometido algún delito enorme
contra sus leyes o real cabeza,
que me manda dejar solo en Cartama,
y sujeto al alcaide que aquí viene;
y a vos, que sois mi padre, y a Jarifa,
mi amada hermana, que a Coín se partan?

Zoraide

Hijo, el Rey me lo escribe, el Rey lo manda.
Yo voy a responder y obedecerle.
Tú entre tanto, Jarifa, haz que aperciban
tus mujeres tu ropa, que esté a punto,
en tanto que Alborán parte a Granada.

Jarifa

Ansí lo haré, señor, que a la partida
ya estoy desde esta tarde apercibida.

(Vase Zoraide.)

Abindarráez

   Sola esta vez quisiera,
dulce señora mía,
hacerme lenguas para hablaros tanto,
que del alma se viera
la pena y la porfía;
mas salga por los ojos, vuelta en llanto.
de que viva me espanto
tan desdichada vida,
si ha de quedar en calma
apartándose el alma
de aquellos brazos donde estaba asida.
Fui esposo ayer presente;
hoy, ¿qué seré, si estoy de vos ausente?
   ¿Que os vais, hermosos ojos,
soles del mismo cielo?
¿Que dejáis vuestra tierra y vuestro amigo?
¿Qué de ausencia y enojos,
nubes del bajo suelo,
eclipsan vuestra luz, que adoro y sigo?
¿Que no hablaréis conmigo,
ni me diréis amores?
¿Que no podré tocaros?
¿Que ya no podré hallaros

entre estas aguas y olorosas flores?
¿Qué es esto, vida mía?

Jarifa   De la de entrambos el postrero día,
   Si no me consolara,
gallardo dueño mío,
señor del alma, que la tuya adora,
que la Fortuna avara
no es peña, monte o río,
sino mudable viento de hora en hora.
La ausencia, que ya llora
el corazón presente,
me acabara la vida,
que vive entretenida
en que has de estar tan poco tiempo ausente,
cuanto pueda llamarte
para poder secretamente hablarte.
   No habrá ocasión tan presto,
cuando te llame a verme,
que presto la ha de haber, aunque ya es tarde.
y en pago, esposo, de esto,
tan tuya quiero hacerme,
que entre mis brazos tu venida aguarde.

Abindarráez   Huya el temor cobarde,
señora, de mi pecho,
si ese bien me prometes.

Jarifa   Paso: no te inquietes,
que por ventura por mi bien se ha hecho;
que, viniendo secreto,
tendrán nuestros deseos dulce efeto.
   Yo entiendo que mi padre
irá presto a Granada,

o que tendrá otro justo impedimento
que a nuestra vida cuadre,
y yo estaré ocupada
en solo este cuidado y pensamiento.

Abindarráez

Y en este apartamiento,
¿qué me dejas por vida,
si la vida me llevas?

Jarifa

La esperanza y las nuevas
de que será tan presto tu partida.

Abindarráez

¡Al fin te vas, señora!
¡Triste de mí, si yo me muero agora!

Jarifa

  No morirás, mi vida,
que la mía te queda.

Abindarráez

Pues viviré mil siglos inmortales.
Dame, esposa querida,
tus brazos, en que pueda
el alma descansar de tantos males.

Jarifa

Véngante tan iguales
como yo te deseo.

Abindarráez

¿Llamarásme?

Jarifa

           ¿Eso dudas?

Abindarráez

No haré, si no te mudas.
¡Ay, cuántos siglos ha que no te veo!

Jarifa

¿Cómo, si no has partido?

Abindarráez   Pensé que era pasado, y no es venido.

                   Fin de la primera jornada

Jornada segunda

(Salen Narváez, Páez, Alvarado, Espinosa, y Cabrera.)

Narváez   Dadle la mano, Alvarado,
y no haya más.

Alvarado   No permitas,
pues siempre honor solicitas,
que pierda el que me han quitado.

Narváez   Volvedme a contar lo que es;
que en lo que hasta agora entiendo,
poco vuestro honor ofendo.

Alvarado   El mío pongo a tus pies;
  pero no has de permitir
que quede en mala opinión.

Narváez   ¿Sobre qué fue la cuestión?

Espinosa   No se la mandes decir;
  que es parte, y dirá a su gusto.

Alvarado   Yo diré mucha verdad,
y el que más...

Narváez   ¡Paso! Acabad;
que ya recibo disgusto.

Espinosa   Óyeme, señor, a mí.

Narváez   Ni Alvarado ni Espinosa
me han de hablar ni decir cosa.

Páez lo cuente.

Páez   Pasa ansí;
y remítome a Cabrera,
que estaba delante.

Narváez   Acaba.

Páez   Jugando Alvarado estaba,
y Espinosa desde afuera;
   y en una suerte dudosa,
sin pedirla o ser tercero,
a pagar de su dinero
juzgó la suerte Espinosa.
   Alvarado respondió:
«¿Quién le mete en esto?» Y luego
replicó Espinosa: «El juego;
que veo juego, y tercio yo».
   «Mejor fuera que callara»,
dijo Alvarado más recio.
Dijo Espinosa: «Algún necio
la suerte le barajara;
   que yo sé de tropelías».
Alvarado replicó:
«Miente el que dice que yo
puedo hacer bellaquerías.»
   Espinosa en este punto
el sombrero le tiró,
metieron mano, y llegó
el presidio todo junto,
   y pusiéronlos en paz,
hasta que con la alabarda
llegaste al cuerpo de guarda.

Narváez

Y, ¿en eso estás pertinaz?
    ¡Gentil engaño porfías!
Si estotro dice que sabe
tropelías, ¿en qué cabe
que entiendas bellaquerías,
    y que lo entiendas por ti?
Y el haberle desmentido,
a Espinosa no ha ofendido,
pues él lo dijo por sí,
    y si ofensa no se ve,
ni Alvarado desmintió,
el sombrero que tiró
de ningún efecto fue;
    y cualquier soldado sabio,
que en agravio, si le hubiera,
las espadas juntas viera,
dirá que cesó el agravio.
    No hay cosa que con haber
metido mano a la espada
no quede desagraviada,
porque es lo posible hacer.
    Quede esto a mi cuenta, y yo
vuestro honor tomo a mi cargo,
y satisfacer me encargo
lo que otro diga.

Alvarado

                    Eso no;
    que nadie hablará en aquello
que hablare tal capitán.

Narváez

Y esas manos ¿no se dan?

Alvarado

Sí daré, pues gustas de ello.

Espinosa   Su amigo soy.

Alvarado   Yo su amigo.

(Salen Ortuño y Zara.)

Ortuño   ¿Con quejas al capitán?

Zara   Por dicha en él hallarán
                      Más piedad que en ti, enemigo.

Ortuño   Óyete, galga.

Zara   ¡Señor!

Narváez   ¿Qué es eso?

Zara   Una pobre esclava
               que en la nobleza que alaba
               el mundo, espera favor.

Narváez   ¿Qué es esto, Ortuño?

Ortuño   Esa perra
               me levanta no sé qué.

Narváez   ¿Cúya es?

Ortuño   Tuya y mía fue,
               y cautiva en buena guerra.

Zara   Señor, de noche y de día
               me hace fuerza y maltrata.

Narváez   ¿Ansí la esclava se trata?

Ortuño   Miente, por tu vida y mía;
                    sino que no entiende bien,
                y cualquier cortés favor
                luego piensa que es amor,
                y fuerza dirá también.
                    Haciendo estaba mi cama,
                y porque a ayudarla fui,
                se vino, huyendo de mí.

Narváez   ¡Sí, sí! ¡De eso tienes fama!
                    Ahora bien; ¿qué te he de dar
                por ella?

Ortuño   Tuya es.

Narváez   Di, acaba.

Ortuño   Ya ves que es buena la esclava,
                y mejor de rescatar.

Narváez   Doyte por ella una copa
                de plata. Ve al repostero.

Ortuño   Doyle yo, pobre escudero,
                diez mil y cama de ropa,
                    y ¿una copilla me das?

Narváez   Sin dinero estoy —¡por Dios!—
                pero di que te den dos
                si con tanta sed estás.

Ortuño   Beso tus manos.

Narváez   Ya, mora,
eres mi esclava.

Zara   Sí soy.

Narváez   Pues yo libertad te doy.
Vete a tu tierra en buen hora.

Zara   Déte el cielo mil vitorias,
caudillo de los cristianos.

(Vase.)

Cabrera   ¡Qué rotas tiene las manos!

Páez   ¡Y qué llenas de honra y glorias!

(Sale Peralta.)

Peralta   Aquí, señor, está el moro
que viene por el rescate
del sargento.

Narváez   ¡Buen quilate
descubre esta vez el oro!
   No tengo un real —¡por Dios!
Llama ese morillo aquí,
y por él me lleve a mí,
o estemos juntos los dos.
   Pero escucha. Al repostero
di que mi plata le dé;
que yo la rescataré
cuando tuviere el dinero.

Venga el sargento al momento,
donde es tan bien menester,
porque más vale comer
sin plata que sin sargento.

Peralta
                    ¡Oh Alejandro! ¡Oh gran Narváez!

Narváez
          Id vos, Peralta, con él.

Peralta
          Voy, señor.

(Vase.)

Páez
                    ¿Qué das por él?

Narváez
          Quinientos escudos, Páez.

Páez
                    Aunque de esclavo le sacas,
          por esclavo le has comprado.

(Sale Nuño, en hábito de moro, con un rebozo.)

Nuño
          ¿Hay acaso algún soldado,
          que no tenga fuerzas flacas,
               que quiera luchar conmigo?

Narváez
          ¿Por dónde este moro entró?
          ¿Quién puerta y licencia dio
          en mi casa a mi enemigo?

Nuño
               Yo me entré solo a probar
          mis fuerzas o en paz o en guerra.

Alvarado
          ¡Bravo moro! En esta tierra

suelen desafíos usar.
        Yo quiero luchar contigo.

Páez   Y yo con adarga y lanza.

Espinosa   Yo con la espada, si alcanza
                        la suya a igualar conmigo.

Nuño   A todos juntos os reto,
                        fuera del alcaide.

Páez   Bien;
                        mas conmigo solo ven.

Nuño   Eres valiente en efeto;
                          mas no vengo a pelear,
                        sino a avisar a Narváez.

Narváez   Salíos todos, y tú, Páez,
                        haz esas puertas guardar.

Páez   Bien dices; que éste podría
                        intentar tu muerte.

Alvarado   Vamos.

(Vanse los soldados.)

Narváez   Ya, moro, solos estamos.

Nuño   ¿No me conoces?

Narváez   Querría.

Nuño   Soy el moro Marfuz.

Narváez   Creo
que eres famoso y gran hombre,
aunque nunca oí tal nombre;
mas verte el rostro deseo.

Nuño   Soy sobrino de Mahoma.
Vengo a matarte.

Narváez   ¿A mí?

Nuño   Sí;
a ti pues.

Narváez   ¿Adónde?

Nuño   Aquí.

Narváez   Pues alto: la espada toma.

Nuño   Pues ya, como ves, la empuño.

Narváez   ¡Ea, moro, a mí te ven!

Nuño   Nuño soy.

Narváez   ¿Nuño?

(Descubriéndose.)

Nuño   Pues ¿quién?

Narváez   ¡Válate el diablo por Nuño!

Nuño   ¿No sabes lo que ha pasado?

Narváez   ¿Cómo?

Nuño   El moro que escribió,
era el dueño de quien yo
la misma carta he llevado.

Narváez   ¿Qué dices?

Nuño   Que es su marido,
y que viendo su prisión,
Viene a verle.

Narváez   Y a ocasión
que ya libremente es ido.

Nuño   ¿Ido?

Narváez   Enviéle a su casa.

Nuño   ¿Por qué?

Narváez   Porque era celoso.

Nuño   ¡Por Dios, que es cuento donoso!
Todo a propósito pasa;
   que la mora traigo aquí,
y ansí la podrás gozar,
pues da el marido lugar.

Narváez   ¡Qué buen remedio le di!

Nuño

> La vida —por Dios— le has dado,
> pues a su casa le envías
> cuando a la tuya traías
> la prenda que le has quitado.
>   ¡Buen recado hallará en ella!
> ¡Oh celosos! Siempre vi
> que les sucediese ansí;
> el guardarla es no tenella.

Narváez

> Bien dices.

Nuño

>   Ya viene; escucha.

(Sale Alara.)

Narváez

> Pésame —¡por Dios!— señora,
> de que hayáis venido agora.

(Aparte a Nuño.)   (¡Qué grande hermosura!)

Nuño

>   (Mucha.)

Narváez

> En aqueste punto envío
> vuestro marido de aquí,
> aunque no le conocí.

Alara

> Bésoos los pies, señor mío,
>   por la merced recibida.
> Pero soy tan desdichada,
> que a sus celos y a su espada
> ofrezco mi cuello y vida;
>   que, como allá no me halle,
> no ha de creer mi intención,
> sino que ha sido invención

por gozarme y engañalle.
   Pero ya, después que os veo
tan gallardo, ilustre y fuerte,
tendré por justa mi muerte
y por vida mi deseo.
   Cuanto publica la fama
es poco en vuestra presencia.

Narváez   Yo os quise mucho en ausencia,
y presente, el alma os ama;
   pero en ella me ha pesado
que de la carta haya sido
tercero vuestro marido,
a quien libertad he dado.

Alara   No os cause, señor, pesar,
sino servíos de mí;
que ya que he venido aquí,
vuestro amor quiero pagar.
   ¡Y dichosa yo, si acaso
amor firme hallase en vos!

(Aparte a Nuño.)

Narváez   ¿Qué te parece?

Nuño   ¡Por Dios,
que habla desenvuelto y raso!
(Aparte.)   (¿Vos erais la desdeñosa?
Malo estaba de entender;
no he visto fácil mujer
que no sea vergonzosa.)

Narváez   Yo os agradezco en extremo

la voluntad, mi señora;
pero, aunque el alma os adora,
la ofensa de mi honor temo;
   que parece que deshonra
mi opinión y calidad
que a quien di la libertad
le venga a quitar la honra.
   ¿Qué dirá vuestro marido,
sino que yo le engañé?
Y sabe el cielo que fue
no habiéndole conocido.
   Sabed que soy caballero,
y que quitarle el honor
contradice a mi valor.

Nuño (Aparte.)   (Mejor dirás majadero.
(Aparte a Narváez.)   Gózala —¡Pesia a mi vida!—
                          o si no, dámela a mí.)

Alara   Señor, ya he venido aquí,
                          y os quiero, si soy querida;
                             y aunque ese término sea
                          del valor que en vos se ve,
                          advertid que pensaré
                          que os he parecido fea.

Nuño   Dale ese contento, acaba;
                          que en amor no hay cortesía.

Narváez   Basta, Nuño. Alara mía,
                          más os amo que os amaba;
                             más hermosa estáis aquí
                          que entre las rejas azules.

Nuño

Ya entiendo; no disimules:
señora, queredme a mí.

(Aparte.)

(¡Vive Dios, que es impotente!)

Narváez

Nuño, parte y ve con ella
a Coín. Vos, mora bella,
tenedme por vuestro.

Nuño

Tente;
No pierdas esta ocasión.

Narváez

A quien libre quise hacer,
¿he de quitar su mujer?

Nuño

¡Oh nuevo andaluz Cipión!
Hazañas son de tu mano.
Vamos, Alara, de aquí.

Alara

¡Que me desprecies ansí
¡Oh riguroso cristiano!

(Vanse Alara y Nuño.)

Narváez

Si fue mayor la gloria y noble el pago
que dio en España a Cipión la fama
en no querer gozar la presa dama,
que el vencimiento ilustre de Cartago;
y si después de aquel lloroso estrago
de Darío, más heroico el mundo llama
al macedón, que no violó su cama,
mi deuda con lo mismo satisfago.
No quiero que me estimen ni me alaben
las propias ni las bárbaras naciones,
porque en mi pecho sus grandezas caben.

No son los capitanes Cipiones,
ni Alejandros los reyes, si no saben
vencer sus apetitos y pasiones.

(Salen Peralta, Ortuño, Alvarado, Espinosa, y Cabrera.)

Peralta   ¡Albricias!

Narváez   Yo te las mando.

Ortuño   ¡Ea, fiestas y alegría!

Peralta   Dos mil ducados te envía
de socorro el rey Fernando.

Narváez   Dios guarde al Rey mi señor.
Esta tarde hay paga.

Alvarado   ¡Vivas
mil años, y de él recibas
premio igual a tu valor!

Narváez   Ea, poned mesas luego;
todo os lo he de dar —¡por Dios!—
y a ser diez mil, como dos.

Espinosa   Peralta, mis pagas juego.

Páez   ¿Quién habrá que eso no haga?

Narváez   Llama aquesas cajas, Páez.

Cabrera   ¡Vivan Fernando y Narváez!

Alvarado   ¡Paga!

Cabrera   ¡Paga!

Ortuño   ¡Paga!

Espinosa   ¡Paga!

(Vanse.)

(Sale Abindarráez.)

Abindarráez   Esperanza entretenida,
                            mal nos llevamos los dos.
                            No hay quien lleve como vos
                            hasta la muerte la vida.
                            Sois una vela encendida
                            que va ardiendo hasta acabarse;
                            pues también, si ha de matarse,
                            quedaráse el alma a oscuras;
                            y entre tantas desventuras,
                            bueno es vivir y quemarse.
                               Por ti, esperanza, el cuidado
                            entretiene de una suerte
                            al soldado entre la muerte,
                            y en el palo al sentenciado,
                            en el mar al que va a nado,
                            a peregrino en el yermo,
                            en el peligro al enfermo.
                            Y ansí, yo por ti en la guerra,
                            cordel, peligro, mar, tierra,
                            hablo, vivo, como y duermo.
                               Todo se finge por ti,
                            dudosa y tarda esperanza;

por ti lo imposible alcanza
quien tiene esperanza en ti.
Si se pasa el mar ansí,
la enfermedad, el cordel,
en esta ausencia cruel
de mi Jarifa querida
pasa hasta el fin de mi vida,
pues está el remedio en él.

   Y vos, hermosa señora,
acordaos que aquí los dos
vivimos, queriendo Dios,
con más regalo que agora.
Desde la noche a la aurora,
en este jardín hermoso
pasábamos el gozoso
tiempo que agora nos falta,
porque la gloria más alta
tiene su fin más dudoso.

   Mas ya estaréis, por ventura,
de estos tiempos olvidada,
porque la gloria pasada
poco en la memoria dura
de quien olvidar procura.
Para vivir sin tormento
bien lloré mi apartamiento;
que bien echaba de ver
que palabras de mujer
tienen la firma del viento.

   Bellas flores y jazmines,
que hurtábades por favor
a su aliento vuestro olor
en estos frescos jardines,
imirad a qué tristes fines
han venido mis vitorias!

¡Mirad cuáles son las glorias,
y los tormentos qué tales
pues no me mataron males,
y me han de matar memorias!

(Sale Maniloro.)

Maniloro
　　Ya, señor, las tres han dado.
Hora será de comer,
si por dicha, como ayer,
no te quedas olvidado.
　　Deja la melancolía;
come, y desecha la pena;
que, aunque comas, será cena,
pasado lo más del día.
　　Aunque a Jarifa aguardaras
con la mesa puesta ansí,
era ya tarde.

Abindarráez
　　　　　　　¡Ay de mí,
que en solo el cuerpo reparas!
　　Déjale al alma comer
suspiros, lágrimas, quejas.

Maniloro
¡Por Dios! Que si al cuerpo dejas,
que ella le venga a perder.
　　No te digo que no penes,
mas que para poder dar
fuerzas a tan buen penar,
tendrás más si a comer vienes;
　　porque el que bien ha comido,
más peso llevará a cuestas.

Abindarráez
Tu inocencia manifiestas,

tu libertad y tu olvido.
    Vete con Dios, Maniloro,
y déjame aquí morir.

Maniloro   Mucho ese tierno sentir
hace ofensa a tu decoro;
    y aun a tu Jarifa ofende,
que tanto tu vida estima.

Abindarráez   ¿La estima?

Maniloro   Sí, pues la anima,
y que se aumente pretende.
    Y pues tu pecho recibe
su alma, y casa le has hecho,
¿por qué maltratas el pecho
adonde Jarifa vive?

Abindarráez   ¡Ay, Maniloro! ¿Qué intento?
Mal hago en querer morir,
si el huésped ha de salir
del pecho en que le aposento.
    Viva yo; sustento venga;
viva Jarifa.

Maniloro   Eso sí.

Abindarráez   Mas ¿no es engaño, no, ansí,
que vida en ausencia tenga?
    Si muero, mi alma irá
a ver a Jarifa luego.
Vete con Dios.

(Sale Celindo, con una carta.)

Celindo   Creo que llego
                 A buen tiempo.

Maniloro   ¿Quién va allá?

Celindo   Celindo soy, Maniloro.
                 ¿y Abindarráez?

Maniloro   ¡Oh Celindo!
                 Aguarda.

Abindarráez   A morir me rindo,
                 tanto, ausente, peno y lloro.

Maniloro   ¿Qué me darás, y tendrás
                 nuevas de Jarifa y cartas?

Abindarráez   La vida, el alma que partas.

Maniloro   Celindo

Abindarráez   ¡Amigo! ¿aquí estás?

Celindo   Dame tus pies, y ésta toma.

Abindarráez   ¡Que tal bien se me conceda!
                 ¿Cómo mi Jarifa queda?

Celindo   Buena, gracias a Mahoma.

Abindarráez   Mil besos doy a su firma,
                 que hasta el alma me penetra.
                 ¿Qué hará el sentido? La letra

sola mi gloria confirma.

<table>
<tr><td>(Lee.)</td><td>

«Esposo: Mi padre es ido
a Granada desde ayer.
Venme aquesta noche a ver...»
¡Cielos, yo pierdo el sentido!
    En el camino podré
leer, amigos, lo demás.
Maniloro, ¿no me das
caballo? ¿Heme de ir a pie?
    Mi vida, ¿que podré veros?
Mi alma, ¿que podré hablaros?
Mis ojos, ¿que he de gozaros
y en estos brazos teneros?
    Ea, loco estoy del todo.
Celindo, ésta toma, ten;
y tú estas joyas también.
Vuestro soy y vuestro es todo.
    Dame una marlota rica,
llena de aljófar y perlas,
que ha de verme y ha de verlas
quien al Sol su lumbre aplica.
    Dame un hermoso alquicel
o bordado capellar,
y también me puedes dar
alguna banda con él.
    Dame bonete compuesto
de mil tocas y bengalas
y plumas, porque no hay galas
que juzgan sin plumas. Presto.
    Dame una manga bordada
de aljófar y oro, a dos haces.
Los amores son rapaces
con rapacejos me agrada.

</td></tr>
</table>

    Dame borceguí de lazo
y acicate de oro puro,
y porque vaya seguro,
ensillarásme el picazo.
    Ponle una mochila azul
y un freno de campanillas,
la más fuerte de mis sillas
y una adarga de Gazul;
    una lanza de dos hierros,
que los extremos se igualen,
por si al camino me salen
algunos cristianos perros.
    No habrá salido andaluz
tan galán a escaramuza,
ni Almadán, ni el moro Muza,
contra el de la roja cruz.
    Ea, mi bien, aguardad
vuestro Abindarráez. Ya voy.

(Vase.)

Maniloro   Loco está, a fe de quien soy.

Celindo   Amor es enfermedad.

Maniloro   Voy a darle de vestir.

Celindo   Tiene razón de querella,
que le adora, y es tan bella
cuanto se puede decir.

Maniloro   ¿Está seguro el camino?

Celindo   Para moro tan valiente,

¿qué importa un mundo de gente?

Maniloro   ¿Va solo?

Celindo   Solo, imagino.

(Vanse. Sale Arráez, a caballo.)

Arráez   Gracias a Alá, que llegué
                    donde mi muerte o venganza
                    descansarán mi esperanza!
                    Aquí al muro arrojaré,
                    pidiendo guerra, la lanza.
                         Pero ya están en el muro.

(Salen Narváez, Ortuño, Páez, Alvarado, Cabrera, Espinosa y Peralta, en el muro.)

Narváez   ¿Moro dices a caballo?

Ortuño   Desde aquí puedes mirallo.

Arráez (Aparte.)   (Vengarme o morir procuro.
                    quiero desde aquí retallo.)
                         Don Rodrigo de Narváez,
                    valiente por solo el nombre,
                    y más cobarde en los hechos
                    que gallardo en las razones.
                    Tú, que, fingiendo valor
                    entre quien no te conoce,
                    has ganado injusta fama
                    del ocaso a los triones.
                    Yo soy Abenabó Arráez,
                    a quien ayer, como doble,

diste libertad fingida;
quien no te entiende, te compre.
Mi infamia trazaste, alcaide;
que apenas pasé del monte,
cuando a mi casa enviaste
el mayor de tus ladrones.
A mi mujer me ha robado;
que primero que la goces,
te pienso sacar el alma,
cuerpo a cuerpo, entre estos robles.
¿Esos eran los consejos
de caballero y de noble?
¡Buenas tretas son, alcaide!
Quien no te entiende, te compre.
Apenas entré en mi casa,
de donde pensaba entonces
enviarte un rico presente,
cuando entiendo tus traiciones.
Iba yo por el camino
cantando tus grandes loores,
y pensando qué rescate
te diese, aunque rico, pobre.
Imaginaba caballos,
atados en los arzones
ricos alfanjes de Túnez,
con mochilas de colores;
finas alfombras de seda,
frenos y estribos de bronce,
y unos para ti de plata,
sin otras joyas y dones,
cuando la mejor que tengo,
hallo que me falta; y dióme
más pena en que tú la tengas,
y me aconsejes y robes;

que la traición del amigo
más se siente y duele al doble;
y engañar, fingiendo amar,
es gran bajeza en el hombre.
Por eso te desafío,
a ti, a tres, a seis, a doce,
y os reto como a villanos,
como a infames y traidores,
de que no tenéis palabra
ni miráis obligaciones;
que no hay entre todos uno
que el amigo no deshonre.
Dame mi esposa, Rodrigo,
si mis palabras te corren;
que no he de salir del campo
menos que muera o la cobre.

Narváez   Moro, engañado has venido;
que a quitarte las prisiones
vino a mi Alora tu Alara,
como verás cuando tornes.
Porque apenas vino aquí,
cuando a volver se dispone,
por asegurar tus celos
y temer tus sinrazones.
Si con ella te he ofendido,
plega al cielo, moro noble,
que me atraviese la espada
de un moro villano y torpe!
A fe de hidalgo y cristiano,
por la vida, que Dios logre,
del rey, mi señor, Fernando,
por quien guardo aquestas torres,
so pena de que en castigo

vuelva sin honra a su corte,
que no he tomado su mano,
ni en presencia dicho amores.
Y tú eres, moro, el primero
a quien doy satisfacciones;
y no te las doy por mí,
que no temo armas ni voces,
sino por ella, a quien debes
el amor que desconoces
con esos injustos celos
y villanas presunciones.

Páez

¿Pesia al moro, señor mío?
¿Con él en eso te pones?
¿Tú, que no sueles sufrir
Marsilios ni Rodamontes?
Aguarda; que a puros palos
le haré que el camino tome
a reñir con su mujer
los celos que se le antojen.

Narváez

Páez, no salga ninguno,
Si no es que el moro responde
Que no está contento de esto.

Páez

Suplícote me perdones;
que le he de quitar la vida.

Ortuño

Tiene razón. Baja, corre,
o haremos todos lo mismo.

Alvarado

Mejor es que alguno nombres
de los que estamos aquí
sufriendo que nos deshonre

Cabrera   El que llegare más presto
                 Basta.

Narváez   Ninguno me enoje.

Espinosa   Perdona, que no hay remedio.

Peralta   Baja, y la boca le rompe.

Narváez   ¡Por vida del Rey!

Peralta   No jures.

Narváez   ¡Ah, señores! ¡Ah, señores!

(Quítanse todos del muro. Hablan desde dentro.)

Páez   Permíteme, Alcaide ilustre,
                 que de una almena le ahorque.

Cabrera   Dame licencia, señor,
                 Que las narices le corte.

Arráez   Basta, que vienen todos los cristianos.
                 Mal hice en presumir de un hombre noble
                 una bajeza igual; pero los celos
                 no dan lugar a la razón, ni miran
                 si es justo o no lo que su rabia intenta.
                 Bien puedo a la defensa prevenirme,
                 que dijera mejor para la muerte,
                 porque cualquiera de ellos es un Héctor,
                 y el alcaide famoso el mismo Aquiles.

(Salen Peralta, Alvarado, Ortuño, Páez, Cabrera y Espinosa, con las espadas
desnudas, y Narváez, deteniéndolos.)

Narváez   Ténganse, digo; ténganse, soldados,
                 o —¡por vida del Rey!

Peralta   Señor, ninguno
                 Quiere ofenderte.

Narváez   Envainen pues.

Arráez   ¡Oh ilustre
                 Rodrigo, a quien el cielo haga dichoso
                 sobre todos aquellos que celebra
                 la antigüedad con palmas y laureles!
                 Rendido estoy a tu nobleza, y veo
                 que mi ignorancia fue mi propio engaño
                 aunque si amor a todos da disculpa,
                 ¿por qué no la tendrán mi amor y celos?
                 Si tú, si tus soldados, si los hombres,
                 si las aves, los peces, si las fieras,
                 si todo sabe Amor, si todo teme
                 perder su bien, y con sus celos propios
                 defiende casa, nido, mar y cueva,
                 llora, lamenta, gime y brama; advierte
                 que celos y sospechas me obligaron
                 a desatino que a tus pies me rinde.

Narváez   Moro, la libertad que yo te he dado
                 me obliga a tu defensa; y sabe el cielo
                 que te he dado tres cosas en un día,
                 que es de ellas cada cual la más preciosa
                 la libertad, la honra, y hoy la vida.
                 Vuelve a Coín; pero primero jura

que no has de dar a Alara pesadumbre;
que si lo sé —ipor vida del Rey!— juro
que he de quemar tu casa, y a ti en ella,
cuando fuera Coín, Granada o Córdoba.

Arráez   Yo te doy la palabra, y por Mahoma
te juro de quererla y regalarla.

Narváez   Parte con Dios; que buena mujer tienes
en Coín, y en Alora buen amigo.
Cuando alguno tratare de enojártela,
acude a mí, que yo seré tu espada.

Arráez   Los cielos guarden tu famosa vida.

(Vase.)

Narváez   Esto es mi gusto; no replique nadie.

(Sale Nuño.)

Nuño   Ya queda, ilustre Alcaide, en Coín Alara;
mas yo no sé qué enredos son aquestos,
pues parte de aquí agora su marido.

Narváez   Vino en su busca, no la hallando en casa.

Nuño   Tiene aqueste camino tantas sendas,
que el miedo y las celadas han causado,
que le hemos siempre errado en el camino.

Narváez   Mohíno estoy del moro, aunque habéis visto
que le he hablado tan bajo y tan humilde
la culpa tengo yo de que se atrevan

por la quietud con que en mi casa vivo.
La buena vecindad lo causa. Basta;
que yo lo enmendaré de aquí adelante;
y de ese buen principio en esta noche.
Nueve, los más gallardos de vosotros,
ensillen sus caballos y armen luego;
que quiero poner miedo a estos villanos,
y que no tengan de sosiego un hora.
Tú, Nuño, aquí te queda; y si te hallares
para salir al campo descansado,
ve, y podrásme alcanzar donde ya sabes.

Nuño   En quitándome aquestos galgamentos
                y mahométicos hábitos, te alcanzo.
                No te apartes de aquellos olivares.

Narváez   Corre, que allí te aguardo. ¡Hola! ¡Secreto!
                No sepan en Alora que salimos.

(Vanse todos, menos Nuño.)

Nuño   Extraño fue de Alara el pensamiento,
                en viendo la presencia de Narváez,
                pues en todo el camino no ha cesado
                de destilar mil perlas de sus ojos,
                de enamorada, tierna y despreciada;
                que la mujer con el desprecio quiere.
                Díjele mi razón, pero fue en vano,
                que tiene el alma del alcaide llena.

(Sale Mendoza, sin ver aún a Nuño.)

Mendoza   ¡Gracias al cielo, que estos muros veo,
                ya de mi cautiverio el cuello libre!

¡Oh generoso alcaide! claro ejemplo
de aquellos capitanes felicísimos
cuyas cenizas honra Italia y Grecia...
mas ¿cómo es esto? Salgo de entre moros,
y el primero que encuentro es moro en casa.

Nuño   Señor Mendoza.

Mendoza   ¿Quién es?

Nuño   Yo soy Nuño.

Mendoza   ¡Oh Nuño amigo!

Nuño   Muchos años goces
            la libertad.

Mendoza   ¿Adónde está el alcaide?

Nuño   Por el portillo entiendo que ha salido
            con algunos soldados, de secreto,
            que quiere hacer aquesta noche un robo.

Mendoza   No excuso de servirle ni de verle,
            y besarle las manos como a padre,
            por la merced de mi rescate.

Nuño   Vamos;
            que yo sé dónde van.

Mendoza   Pues, Nuño, ensilla.

Nuño   En quitándome aquestas sopalandas.

Mendoza

        Pues ¿cómo estás ansí? Mas ya imagino
que habrá por qué.

Nuño

                          Sabráslo en el camino.

(Vanse.)

(Salen Narváez, Peralta, Páez, Espinosa, Alvarado, Ortuño y otros cinco soldados, todos con adargas, lanzas y acicates, lo mejor que puedan; que esta es la salida de importancia.)

Narváez

        Todo hombre esté atento y surto,
que apenas nos oiga el viento,
con tan poco movimiento,
como el lobo cuando al hurto
camina solo y atento;
   que si en los montes o llanos
de los ganados cercanos
hace en las piedras ruido
con las manos, de corrido,
se muerde las mismas manos.
   Creció ya la desvergüenza
de esta bárbara canalla,
y es lo mejor atajalla
en los pasos que comienza
que en los fines remedialla.
   Todos sois fuertes soldados,
todos hidalgos, y hallados
en famosas ocasiones
aquí son, con las razones,
los consejos excusados.
   Deseo hacer una presa
con que enviar a Fernando,
que siempre me está obligando,

algún fruto de esta empresa;
que ha mucho que estoy callando.
   Yo soy como el labrador
a quien alquila el señor
la viña por su tributo,
pues si no le rindo el fruto,
quejarse puede en rigor.

Peralta   Famoso alcaide de Alora
y de la fuerte Antequera,
que a Sevilla honrar pudiera,
si la ocasión es agora,
suceso dichoso espera;
   que cualquiera piensa hacer
lo que se debe, a tener
tu militar disciplina.

Páez   Gente a caballo camina.
¿Quién será?

Espinosa   ¿Quién puede ser?

Narváez   Oíd; que llegan aquí.

(Salen Mendoza y Nuño, con lanzas y adargas.)

Nuño   Ellos sin duda serán.

Mendoza   ¡Mas qué encubiertos están!

Narváez   ¿Quién va allá?

(Aparte a Nuño.)

Mendoza   Quién somos di.

Nuño   Tus soldados, capitán.

Mendoza   Nuño y Mendoza.

Narváez   ¡Oh Mendoza!
la libertad justa goza
mil años.

Mendoza   Dame tus pies.

Narváez   Allá hablaremos después.

Nuño   ¿Qué, perdiste aquella moza?

Narváez   Calla, Nuño; que me importa.
Y pues aquí hay dos senderos,
divididos, caballeros,
será la empresa más corta.

Nuño   Vengan diez mil moros fieros;
   que en diez hay para diez mil.

Narváez   Habla con voz más sutil.
si el contrario nos aprieta,
acudid a esta corneta.

Alvarado   Cualquiera contrario es vil.

Narváez   Los cuatro venid conmigo,
Y los cinco id por allí.
Nuño, calla.

Nuño   Harélo ansí,
            aunque en no yendo contigo,
            voy sin fuerzas y sin mí.

Alvarado   ¿Por dónde, Nuño, echaremos?

Nuño   Por entre estos olivares.

(Vanse Narváez, Mendoza y otros tres soldados.)

Espinosa   ¡Plega al cielo que topemos
            o ganados o aduares!

Nuño   Y algún moro que almorcemos.

Alvarado   ¿Acordáisos de aquel día
            que solo Narváez venía?

Espinosa   Paso; que he oído cantar.

Alvarado   Aquí podéis escuchar,
            que parece algarabía.

(Abindarráez, canta dentro.)

Abindarráez   «En Cartama me he criado.
            Nací en Granada primero,
            y de Alora soy frontero,
            y en Coín enamorado.
                Aunque en Granada nací
            y en Cartama me crié,
            en Coín tengo mi fe
            con la libertad que di.
                Allí vivo adonde muero,

y estoy do está mi cuidado,
y de Alora soy frontero,
y en Coín enamorado.»

(Sale Abindarráez cuan gallardo pueda, con lanza, adarga y acicates. Habla para sí.)

Abindarráez   ¡Gracias a Alá, que ya llego!

(Los soldados hablan aparte.)

Nuño   ¡Bizarro moro!

Alvarado   ¡Gallardo!

Abindarráez   Llévame al premio que aguardo,
                         dulce Amor, aunque eres ciego.

Espinosa   ¡Detente, y date a prisión!

Abindarráez (Aparte.) (¡Cristianos! ¡O suerte avara!
                        De mi dicha lo jurara.
                        ¡Oh cielo! ¿a tal ocasión?)

Nuño   Date, o morirás.

Abindarráez   ¿Ansí
                         se dan los hombres cual yo?

(Pelean. Con las lanzas y adargas se ha de hacer esta batalla de cinco contra uno, porque es cosa nueva.)

Espinosa   ¿Qué hay, Peralta?

Peralta   Aquí me hirió.

Alvarado   ¡A él, que me ha herido a mí!

Peralta   ¡Bravo esfuerzo!

Nuño   ¡Extraña cosa!
                          a cinco ha desbaratado.

Peralta   Ya está en el suelo Alvarado,
                          y medio muerto Espinosa.
                             Dad un silbo al gran Narváez.

(Salen Narváez y cuatro soldados.)

Narváez   ¿Qué es esto, amigos?

Nuño   Que un moro
                          nos mata.

Abindarráez (Aparte.)   (¡Oh cielo que adoro,
                             ayuda tú a Abindarráez!)

(Narváez habla a los cuatro que vienen con él.)

Narváez   Paso, no le acometáis.
                          Caballero fuerte y diestro,
                          siendo tanto el valor vuestro
                          como entre cinco mostráis,
                             ¡Dichoso aquél que os venciese!
                          Y aunque yo arriesgue mi vida,
                          la juzgo por bien perdida
                          como en vuestras manos fuese.
                             Pero al fin he de probar;

que empresa de tanta gloria
solo intentarla es vitoria.

Abindarráez   Pues alto: dadnos lugar.

(Aquí batallan el alcaide Narváez y Abindarráez.)

Páez   A no estar el moro herido
y de pelear cansado,
diera al Alcaide cuidado.

Narváez   Moro, date por vencido,
o si no, daréte muerte.

Abindarráez   En tu mano está matarme;
mas vencerme y sujetarme,
en otra mano más fuerte.
(Aparte.)   Tu esclavo soy. (¡Ay de mí
¡Ay de mí! ¡Mil veces ay!
Pues ya para mí no hay
sino llorar que nací.
¡A tal tiempo, vil Fortuna!
¡Desespero, por Alá!
Mataréme.)

Narváez   Triste está.

Abindarráez (Aparte.) (Ya no hay esperanza alguna.)

Narváez   ¿Hombre de tanto valor
siente tanto el verse preso?
O ¿es las heridas?

Abindarráez   No es eso.

Narváez   Pues ¿qué?

Abindarráez   Desdicha es mayor.

Narváez   Ataos este lienzo en ellas,
o aguardad, y os le pondré.

Abindarráez   Aquí en el brazo saqué
la que más me duele de ellas.
(Aparte.)   (¡Oh mal trazada alegría!
¡Triste! ¿qué haré?)

Narváez   ¿Qué cuidado
os tiene tan lastimado?

Abindarráez (Aparte.) (¡Ya os perdí, señora mía!
    ¡Gloria mía, ya os perdí!
Dulce Jarifa, mi bien,
¡Ya os perdí!)

Narváez   A mi casa ven;
serás preso y dueño allí.
    Pero holgárame en extremo
saber tu pena importuna;
que esto de guerra es fortuna,
que mañana por mí temo.
    Alza ese rostro, noble caballero,
porque a la libertad pierde el derecho,
perdiendo en la prisión el prisionero
el ánimo que debe al noble pecho.
Esos suspiros tiernos, ese fiero
dolor, no corresponde a lo que has hecho;
ni menos es tan grande aquesta herida,

que cause indicios de perder la vida.
    Ni tú la has estimado de manera
que dejes por tu honor de aventuralla.
Si es de otra causa tu tristeza fiera,
dímela, que por Dios, de remedialla.

Abindarráez

Ya el alma en tu nobleza aliento espera;
en vano mi temor sus penas calla.
¿Quién eres, generoso caballero?

Narváez

Satisfacerte de quién soy espero.
    Rodrigo de Narváez soy llamado,
soy alcaide de Alora y de Antequera
por el rey de Castilla.

Abindarráez

                      ¿Que he llegado
a tus manos, Alcaide?

Narváez

                          Tente, espera.

Abindarráez

Ya no me quejo del rigor del hado,
puesto que ha sido en ocasión tan fiera.
Huelgo de ver, Alcaide, tu presencia,
aunque me cuesta cara la experiencia.
    No me ha agraviado mi fortuna en nada,
y pues debo estimarme por tu hacienda,
no es bien que esta flaqueza afeminada
de cosa tuya sin razón se entienda.
Retírese tu gente, y confiada
mi alma en tu palabra, ilustre prenda,
sabrás mi historia y muerte de dos vidas;
que no lloro prisión ni siento heridas.

Narváez

    Soldados, vayan todos adelante.

Nuño   ¿Quedaré yo?

Narváez   Camina tú el primero.

(Adelántanse los soldados; pero quedan a corta distancia.)

Abindarráez   ¡Que la Fortuna en tiempo semejante
                        me trajo a verte, ilustre caballero!
                        Pero, porque te dé dolor y espante,
                        mi historia triste referirte quiero;
                        que por ventura, porque más te obligue,
                        sabrás qué es amor.

Narváez   Di.

Abindarráez   Escucha.

Narváez   Prosigue.

Abindarráez   Famoso alcaide de Alora,
                        invicto y fuerte Narváez,
                        a quien por tantas hazañas
                        pudieran llamar el grande:
                        sabrás, capitán, que a mí
                        me llaman Abindarráez,
                        a diferencia del viejo,
                        que era hermano de mi padre.
                        Nací desdichado al mundo,
                        de la casta Abencerraje,
                        y porque sepas la suya,
                        escucha, ansí Dios te guarde.
                        Hubo en Granada otro tiempo
                        este famoso linaje,

en la paz gallardo y sabio,
y en las armas arrogante.
Del consejo eran del Rey
los ya viejos venerables,
los mozos seguían la corte
o en la guerra, capitanes.
Amábalos todo el pueblo
y aun los moros principales,
y más el Rey sobre todos,
con honras y oficios graves.
No hicieron cosa jamás
que su valor no mostrase,
siendo en todo tan gentiles,
valientes y liberales,
que en Granada se decía
que no había Abencerraje
de mala disposición,
necio, escaso ni cobarde.
Eran maestros de todo,
inventores de los trajes,
de las galas, de los motes,
y de otras ilustres partes.
No sirvió dama ninguno
que su favor no alcanzase,
ni dama llamarse pudo
sin galán Abencerraje.
Pero la envidia y fortuna,
una vil y otra mudable,
los derribaron al suelo;
que siempre los altos caen.
Que al Rey quisieron matar
y con sus reinos alzarse,
les levantaron Zegríes;
si fue cierto, Dios lo sabe.

Cortáronles las cabezas
un triste y aciago martes,
quedando de todos ellos
solo mi tío y mi padre.
Derribáronles las casas,
mandando la misma tarde
pregonarlos por traidores
y su hacienda confiscarles.
No quedó en Granada alguno
que este nombre se llamase,
si no son los dos que digo,
que no pudieron culparles.
No quiso que en la ciudad
los varones se criasen,
y mandó sacar las hijas
en África a otras partes.
Y así, a mí —¡triste!— en naciendo,
me llevaron al alcaide
de Cártama, hombre muy rico,
ilustre en armas y sangre.
Éste tenía una hija,
Rodrigo, en belleza un ángel,
que es el mayor bien que tengo;
si otro tengo, Alá me falte.
Crióse conmigo niña,
engañados y ignorantes,
que ser hermanos creímos;
mas no engaña el tiempo a nadie.
Crióse amor con nosotros,
niños, niño; grandes, grande.
Lo que pasó en este tiempo
no es tiempo que aquí lo trate.
Desengañónos un moro,
y vimos en un instante

el imposible posible,
y lo posible alejarse.
Casámonos de secreto;
pero, en gloria semejante,
que se partiese a Coín
mandó Almanzor a Zoraide,
y que a mí, mientras viviese,
otro alcaide me dejase
en Cartama, donde he estado
ausente del bien que sabes.
Lloramos nuestra partida,
y partiendo, si se parte,
concertamos que en ausencia
de su padre me llamase.
Fuese su padre a Granada;
escribióme, y yo esta tarde
aderecéme cual viste,
por ir de gallardo talle.
Aguardándome está agora.
¡Mira si lloro de balde,
pues voy herido en prisiones,
sin bien y entre tantos males!
De Cartama iba a Coín,
breve jornada, aunque alargue
siempre la tierra el deseo,
poniendo montes y mares;
iba el más alegre moro
que vio Granada, a casarme
con mi señora Jarifa,
que ya en su vida me aguarde.
Véome preso y herido,
y lo que siento es que pase
de mi bien la coyuntura.
Déjame agora matarme.

Narváez	Notable es tu suceso, fuerte moro;
pero, pues tanto tus designios daña
la dilación, no es justo que los pierdas;
que has sido por extremo desdichado,
pero hallaste el remedio en la desdicha.
Y porque veas que mi virtud puede
vencer a tu fortuna, si me juras
volver a mi prisión dentro en tres días,
libertad te daré para que vayas
a gozar de Jarifa, tu señora.

Abindarráez	Beso tus pies mil veces, gran Narváez;
que harás en eso, aunque es hazaña tuya,
la mayor gentileza que en el mundo
ha hecho caballero generoso.

Narváez	¡Ah, hidalgos!

(Vuelven los soldados.)

Páez	¿Qué nos mandas?

Narváez	Este preso,
señores, si gustáis de darme, quiero
salir por fiador de su rescate.

Peralta	Haced, señor, de todo a vuestro gusto.

Narváez	Dadme esa mano diestra, Abindarráez.

Abindarráez	Tomad, señor.

Narváez	¿Juráis y prometéisme,

como hidalgo, venir a mi castillo
de Alora, y ser mi preso, al tercer día?

Abindarráez   Sí juro.

Narváez   Pues partid enhorabuena;
y si queréis mis armas o persona,
iré con vos.

Abindarráez   Vuestro caballo quiero,
porque entiendo que está cansado el mío.

Narváez   Tomadle, y vamos.

Nuño   Tuvo extraña dicha.

Abindarráez   Basta; que hallé el remedio en la desdicha.

Fin de la segunda jornada

Jornada tercera

(Sale Abindarráez.)

Abindarráez

    Agora que a mi bien no pone obstáculo
la Fortuna cruel, y mis pies débiles
los rayos de mi Sol llevan por báculo,
que el llanto enjugan de mis ojos flébiles,
haciendo al alma verdadero oráculo,
mis esperanzas, hasta agora estériles,
tendrán, ya libres de otra fuerza bélica,
fin en los brazos de mi esposa angélica.
    Venció Narváez mi fortuna trágica,
y dióme libertad como magnánimo;
que no hay en toda el Asia, Europa y África,
caballero de tanta virtud y ánimo
y así, aunque herido, aquella dulce mágica,
que adoro como al Sol, mi pusilánimo
aliento, desmayado y melancólico,
ha vuelto un Héctor o Alejandro argólico.
    En mis desdichas, hasta agora infelices,
si esto no es sueño, fábula y apólogo,
remedio hallaron mis intentos felices,
y el corazón, de su ventura astrólogo.
Teneos un poco, Luna y claras hélices;
que ya llego a Jarifa, que ya el prólogo
le digo de mi historia, y los capítulos
con dulces besos y con tiernos títulos.
    ¡Quién fuera Adonis bello o de Liríope
el hijo que murió en el agua viéndola,
o la lengua de Apolo y de Calíope
tuviera para hablarla, respondiéndola!
Mas fuera a un alemán y a un negro etíope,
a un dulce ruiseñor y a una oropéndola,

darles comparaciones verisímiles;
mas basta ser en el amor tan símiles.
   Aquí llega, Jarifa, vuestra víctima,
abrid; que pasa ya la Luna errática.
Seréis de mis heridas dulce víctima,
solo en oyendo vuestra dulce plática.
Seréis, señora, mi mujer legítima;
que así en la orilla fresca y aromática
de aquella fuente fue nuestro propósito,
y amor de nuestras almas el depósito.
   Pena traigo, señora; mas repórtola
con ver que llego a puerto salutífero.
Mi esperanza se alarga; pero acórtola
con la grandeza de Narváez belífero.
Ya os casaréis, y ya, cual dulce tórtola
que mató el lazo o cazador mortífero,
que el alto nido derribó del álamo,
lleno de sangre dejaréis el tálamo.

(Jarifa y Celindo hablan dentro.)

Jarifa   ¿La voz, dices, de mi bien?

Celindo   Digo que le oí llamar.

Abindarráez   A Jarifa siento hablar
y a Celindo oigo también.
   Tiemblo... la sangre me acude
al corazón... Buen testigo
que no puede el enemigo
hacer que el color me mude.
   Desmayo dulce me acaba,
siento aflojarse las fuerzas.

(Salen Jarifa y Celindo.)

Jarifa   ¡Esposo!

Abindarráez   Si no me esfuerzas,
para espirar casi estaba.
     Cobre aliento el alma mía
en tus brazos, dulce esposa.

Jarifa   Ya estaba de ti quejosa,
y más del temor del día;
     que como la noche fuera
de un siglo, un siglo esperara,
sin que esperar me cansara,
si esperara que te viera.

Abindarráez   ¡Ay, brazos hermosos míos!
¡Ay, puerto de mis tormentos,
vida de mis pensamientos
y de mis temores fríos!
     Descanso de mi esperanza,
fin de mis deseos cumplidos,
centro de aquestos sentidos
y cielo que el alma alcanza,
     gloria que esperé y temí,
regalo que imaginé,
premio de mi pena y fe,
para quien solo nací,
     hálleme agora la muerte,
que esta noche me ha buscado.

Jarifa   ¡Ay, dueño de mi cuidado!
¿Posible es que vengo a verte?
     ¡Ay, mi bien, mi dulce esposo,

mi Abindarráez, mi señor,
parte sola en quien mi amor
ha dado al alma reposo,
    luz de mi alma y sentido,
vida de mi entendimiento,
consuelo en mi sufrimiento
de mil celos oprimido,
    rey de esta alma y de esta casa,
de estos brazos gusto, y vida
de esta tu esclava rendida,
a quien justo Amor abrasa!
    ¿Cómo vienes? ¿Vienes bueno?

Abindarráez

A tu servicio, y que fuera
muerto, aquí vida tuviera,
mi cielo hermoso y sereno.

Jarifa

¿Cómo has pasado mi ausencia?

Abindarráez

¿Cómo sin ti, mi Jarifa?
¡Que es donde batalla y rifa
el seso con la paciencia!
    No me han faltado recelos,
miedos y desconfianzas.

Jarifa

¡Miedos! ¿De qué?

Abindarráez

                        De mudanzas,
hijas de olvidos y celos;
    pero volviéndome a ti,
yodo quedaba seguro.
Tú, ¿estás buena?

Jarifa

                        Por ti juro,

que es mucho jurar por ti,
   y por esos ojos míos,
juramento que no sale
sino a fiestas, que no iguale
el tuyo a mis desvaríos;
   porque he pensado que allá
ya tenías otro gusto;
que de tu tardanza el susto
aun aquí durando está.
   ¿Cómo has tardado?

Abindarráez   No sé;
que buena priesa he traído.

Jarifa   ¡Ay, qué esposo tan querido
enhorabuena lo fue!
   Llegada es ya la ocasión
que de aquestos brazos goces.

Abindarráez   ¿Es posible que conoces
mi enamorada afición?
   Sí, conoces, pues la pagas.

Jarifa   Ya en efeto soy tu esposa.

Abindarráez   Quiere Alá, Jarifa hermosa,
que así mi amor satisfagas.

Celindo   No estéis agora en razones.
Entra a dormir, Bencerraje.

Jarifa   Mira si hay doncella o paje,
Celindo, en esos balcones.

Celindo   Todo está seguro. Ven,
                   no os amanezca en hablar.

Abindarráez   ¿Puedo entrar?

Jarifa   Puedes entrar.

Abindarráez   Voy, mi alma.

Jarifa   Entra, mi bien.
                   Echa, amigo, esa alcatifa.

Abindarráez (Aparte.) (¡Cuánto te debo, Narváez
                   por ti goza Abindarráez
                   de su querida Jarifa.)

(Vanse. Salen Narváez, Nuño, Páez y Alvarado.)

Narváez   Descansen todos; que hoy a mediodía
                   concertaremos si salir podremos;
                   que este descuido llaman cobardía
                   los viles fronterizos que tenemos;
                   y aunque la presa de esta noche es mía,
                   ya sé que su rescate partiremos;
                   y cuando me engañara Abindarráez,
                   yo hice lo que debo a ser Narváez.
                     Ponga todo hombre la acerada silla
                   entre los mismos palos del pesebre,
                   porque en diciendo la trompeta ensilla,
                   hasta el caballo la cadena quiebre.
                   Esté la lanza donde pueda asilla,
                   con que en el campo su valor celebre,
                   y el arnés que no falte hebilla o perno,
                   que se vista mejor que algodón tierno

Veamos si con esta pena o miedo
su desvergüenza se sosiega un poco;
que en no mostrando lo que valgo y puedo,
luego el morisco vil me tiene en poco.
Presumirá llegar hasta Toledo,
según se precia de arrogante y loco,
cuanto más hasta Alora y Antequera,
si duerme aquí como en Argel pudiera.

Páez   Un moro pide para hablar licencia.

Narváez   ¿Es hombre principal?

Páez   Es un criado
de Alara, según dice.

Narváez (Aparte.)   (¡Ah, dura ausencia!
¡Con qué fiero rigor que me has tratado!
¡Oh leyes del honor, cuya inclemencia
quita el gusto del alma procurado!
Gozar de Alara pude... mas no pude;
que pierde el bien quien al honor acude.)

(Sale Ardino.)

Ardino   Con un pequeño presente
Alara salud te envía,
y esta carta.

Narváez   Gallardía,
moro amigo, conveniente
a su extremada hidalguía.
 ¿Cómo queda?

Ardino   Algo indispuesta,
            aunque para que compuesta
            viniese esta caja, ayer
            se levantó.

Narváez   Quiero leer
            para darte la respuesta.

(Lee.)   «Ya que no me quieres bien,
            no es de pecho principal
            sufrir que me traten mal;
            pues siendo tu amor desdén,
            me han dado castigo igual.
               De ti maltratada he sido
            con el desdén recibido;
            de mi marido, de celos,
            porque me han dado los cielos
            mal galán y peor marido.
               Y pues que por ti me dan,
            no admitiendo tu consejo,
            vida que de vivir dejo;
            ya que no como a galán,
            como a mi padre me quejo.
               Esas camisas labradas
            te envío, mal acabadas,
            por hacerlas con secreto;
            que llevan, yo te prometo,
            más lágrimas que puntadas.
               La sangre que lleva una,
            no la laves, que por ti
            me la sacaron a mí;
            porque no hay hora ninguna
            que no me traten ansí.
               Yo no pido que tu olvido

deje de ser lo que ha sido;
pero, pues por ti me dan,
sé enemigo o sé galán,
o dame mejor marido.»
    ¡Cómo qué! Abenabó Arráez
¿así cumplió el juramento?
Que me haya engañado siento;
mas —¡por vida de Narváez!—
que no se la lleve el viento.
    Moro infame, ¿no sabías
que mi propia vida herías,
que está en aquel pecho honesto?

Nuño

Tú tienes la culpa de esto,
por hacer alejandrías.
    Deja esas francas divisas;
que si gozaras de Alara,
el moro no la llevara
donde te enviara camisas
con la sangre de su cara.

(A Ardino.)

    ¿Que en aquel rostro has sufrido
hacer un corto rasguño
con el palo o con el puño?

Ardino

¿Qué he de hacer, si es su marido?

Nuño

Perro, aguarda.

Narváez

                    Escucha, Nuño.

Nuño

    No hay escuchar. ¡Vive Dios,
que hemos de reñir los dos,
y que le he de dar mil palos!

Narváez   Aguárdate.

Nuño   ¡Qué regalos!

Ardino   Señor, remediadlo vos
                    con poner miedo a mi amo,
                 que os tiene miedo y respeto.

Narváez   Remediarlo te prometo
                 por lo que la quiero y amo,
                 y por quien soy, en efeto.

Ardino   Vos, ¿tenéisla algún amor?

Narváez   Grande; pero por su honor
                 y hacer a Arráez amistad,
                 enfreno la voluntad
                 y doy la rienda al valor.

Ardino   Pues, señor, sabed que tiene
                 concertado de matarla.

Narváez   ¡Matarla! Ni osar mirarla.

Ardino   Creedme que lo previene.

Narváez   ¿Y podré yo remediarla?

Ardino   Podrás, viniendo conmigo
                 esta noche de secreto.

Narváez   Pues ármate, Nuño amigo;
                 que esta noche le prometo
                 a moro infame castigo.

¡Camisa y ensangrentada!
vive Dios, que esta vestida
no se mude ni otra pida
hasta que con esta espada
quite al perjuro la vida!

Nuño   Yo, aunque poco las refresco
por el trato soldadesco,
ésta es bien que le consagre,
aunque la cueza en vinagre
como herreruelo tudesco.
      Vamos donde está ese galgo.
Pero escucha aparte.

Narváez   Di.

Nuño   ¿Habemos de ir cierto?

Narváez   Sí.

Nuño   Pues disfrázate con algo,
o vamos como yo fui;
      que aunque eres tan animoso,
podrá el perro malicioso
venderte a los de Coín.

Narváez   Para mí no hay, Nuño, en fin,
peligro dificultoso.
      Yo he de ir a Coín. Vos, Páez,
tened a punto la gente,
por si fuere conveniente.

Ardino   Seguro estás, gran Narváez.

Nuño   No lo está mucho, pariente.
                            Y ansí, vuelvo a aconsejarte.
                        oye, por tu vida, aparte.

(Habla bajo a Narváez y Alvarado habla aparte a Páez.)

Alvarado   ¡Qué mal hace el capitán!

Páez   Tales combates le dan
                        ira, gusto, Amor y Marte.

Narváez   A cuanto venga me obligo.

Nuño   Pues, señor, seguirte quiero.

Narváez   Darte mi ventura espero.
                        Nuño, César va contigo,
                        como él lo dijo al barquero.
                            Entra, moro, a descansar.
                        Tú, Nuño, empiézate a armar.

Nuño   Lo que llevé...

Narváez   ¿Cómo ansí?

Nuño   Un jaco.

Narváez   Dame otro a mí,
                        y hazme el overo ensillar.

(Vanse.)

(Salen Jarifa, Abindarráez, Celindo, Bajamed, Zaro, y músicos.)

Jarifa

Toda la casa se huelga
de mi bien y tu contento,
porque de solo tu aliento
saben que mi vida cuelga.
    No te escondas de ninguno.
Llegad, besadle los pies.

Bajamed

Quien señor de todo es,
¿por qué se teme de alguno?
    Con nosotros te has criado,
Bencerraje, ¿qué has temido?
¿O acaso estás encogido,
como recién desposado?

Zaro

Aunque al alcaide tenemos
por legítimo señor,
de tu crianza el amor
y obligación conocemos.
    Quien te tuvo por su hermano,
no será dificultoso
que te tenga por su esposo.

Jarifa

Da, esposo, a todos la mano.

Abindarráez

Los brazos les daré. Aquí
podréis estar a placer,
viendo esta fuente correr.

Jarifa

En otra te di yo un sí,
    en otra dueño te hice
de este bien que hoy se confirma.
Aquí se rompió la firma,
y la deuda satisfice.
    Viendo estas rosas y flores,

estos árboles y fuentes,
tengo, Abindarráez, presentes
nuestros pasados amores.
   Parece que aquí te veo
enamorado y turbado,
en mis respetos helado,
y abrasado en tu deseo;
   y salir llenas de amor,
del alma tierna encendida,
cada palabra vestida
de diferente color.
   ¿Es posible que te ven
mis brazos cerca de sí?
¿Que puedo llegarte a mí,
y regalarte también?
   Amor mío, no me olvides,
que harás la cosa más fiera
que en hombre humano cupiera,
si tu ser al suyo mides;
   que no debe de ser hombre
en quien tantas gracias hay.

Abindarráez   ¡Ay!

Jarifa   ¿Qué dices, mi bien?

Abindarráez   ¡Ay!

Jarifa   Bien merece de ángel nombre.
   Celindo, Bajamed, Zaro,
¿no he sido yo muy dichosa
en ser de tal hombre esposa?

Celindo   Que es muy noble está muy claro,

             Y que fue elección discreta;
pero él también es dichoso
en ser dueño y ser esposo
de una mujer tan perfeta.
   Y puesto que humilde estás,
acá os juzgamos tan buenos,
que si él no merece menos,
no hallara en la tierra más.
   Sentaos, y canten los dos
mientras el almuerzo llega.

Jarifa   O esto es verdad, o estoy ciega.
                       Más, mi bien, merecéis vos.
                          ¿No es esto verdad?

Abindarráez   ¡Ay, triste!

Jarifa   Canta, amigo.

Zaro   ¿Qué diré?

(A Abindarráez.)

Jarifa   ¿Qué extremo es ése? ¿Qué fue?

Celindo   Di aquélla que ayer dijiste.

Jarifa   Cualquiera podréis decir.
                       Mandadlos, señor, sentar.

Abindarráez   Sentaos.

Jarifa   ¡Tanto suspirar!

Abindarráez (Aparte.) (¡Ay, que estoy para morir!)

(Canta.)

Zaro   «Crióse el Abindarráez
                            en Cartama con Jarifa,
                            mozo ilustre, Abencerraje
                            en méritos y desdichas.»

Jarifa   ¡Dichosa el alma mía,
                            que dio tan dulce fin a su porfía!

(Canta.)

Zaro   «Pensaban que eran hermanos;
                            en este engaño vivían;
                            y ansí, dentro de las almas
                            el fuego encubierto ardía.»

Jarifa   ¡Dichosa el alma mía,
                            que dio tan dulce fin a su porfía!

(Canta.)

Zaro   «Pero llegó el desengaño
                            con el curso de los días;
                            y ansí, el amor halló luego
                            las almas apercibidas.»

Abindarráez (Aparte.) (¡Triste del alma mía,
                            que dio tan triste fin a su porfía!)

(Canta.)

Zaro
«Quisiéronse tiernamente,
hasta que, llegado el día
en que pudieron gozarse,
dieron sus penas envidia.»

Abindarráez (Aparte.) (¡Triste del alma mía,
que dio tan triste fin a su porfía!)

Jarifa
No cantéis más. Bien está.
Bien os podéis todos ir.

Celindo (Aparte.) (Algo le quiere decir.)

Jarifa
Salíos todos allá.

Bajamed (Aparte.) (Todo se lo quiere a solas.)

Zaro (Aparte.) (No toma el ser novia mal.)

(Vanse Zaro, Bajamed, Celindo y los músicos.)

Abindarráez (Aparte.) (Del mar en que voy mortal
hasta morir llegan olas.)

Jarifa
Ingrato, esquivo, cruel,
y el más villano del suelo,
¿cuál hombre ha criado el cielo
que puedan fiarse de él?
¿Piensas que no entiendo más
que declaran tus suspiros?
Pues bien veo que son tiros
que al alma asestando estás.
Con ellos y con los ojos
dices más que con la lengua,

para que trague mi mengua
poco a poco tus enojos.

    ¿Quieres matar con sangría,
o dasme el veneno a tragos?
¡Los hombres dais tales pagos!
¡Ay de la que en hombres fía!

    ¿Qué suspiras, di, traidor?
¿O de qué estás triste, injusto,
después que ofrecí a tu gusto,
tras la vergüenza, el honor?

    ¿Qué es lo que en tal coyuntura
te da pena y soledad?
¿Mi mucha facilidad
o mi loca hermosura?

    ¿No has hallado agora en mí
lo que ausente imaginabas?
¿O en las penas que pasabas
fue poco el bien que te di?

    Mas los maridos sois ríos,
que, en allegando a la mar
de la noche del gozar,
perdéis del curso los bríos.

    ¿Tan fea soy, engañador?
¿Tan poco te he regalado?
Debes estar enseñado
a otra experiencia mayor.

    Si amartelado venías,
¿no era remedio bastante
una mujer ignorante
que para mujer querías?

    Yo no supe más amores
que los que a tu boca oí.
Si sabes más, más me di;
y si mayores, mayores;

que esa en quien es bien que quepa
tu alma, y que ansí la nombres,
aprendidos de otros hombres,
no es mucho que muchos sepa.
    Vete, pues, tirano injusto,
con tu gusto y mi deshonra;
que es mejor quedar sin honra
que casada con disgusto,
    y yo me sabré matar.

(Levántase.)

Abindarráez   Detente, Jarifa mía;
que si escucharte podía,
fue querer tu amor probar.
    Escucha, espera.

Jarifa   ¿Qué quieres?

Abindarráez   Que menos traidor me nombres;
que jamás los nobles hombres
se burlan de las mujeres.
    Oye, espera, por tu vida.
No me hagas correr tras ti;
que apenas me tengo en mí,
de dolor de cierta herida.
    No soy yo ingrato a tus obras,
pues vengo a ser tu marido;
ni el suspirar causa ha sido
de la sospecha que cobras.
    No fue tu poca hermosura
o mucha facilidad;
que eres ángel en beldad
y reina en la compostura.
    Ni te imaginó mi amor
más perfeta en mí pintada;

que antes, después de gozada,
me has parecido mayor.
    Ni soy río en la corriente,
que en la mar he de parar;
que es mi amor el mayor mar,
y ansí es bien que el tuyo aumente.
    Ni he venido amartelado;
que Dios sabe que tú has sido
quien de aquesta boca ha oído
amores que te he enseñado.
    Alegra el rostro y escucha,
volviendo a tu gracia el alma,
que está ya la vida en calma.

Jarifa   Y dime, ¿la herida es mucha?
                              ¿Dónde la tienes? A ver.
                          ¿Quién te hirió? ¿Cómo?

Abindarráez   Mi esposa,
                          no es herida peligrosa.

Jarifa   Todo lo quiero saber.
                              ¡Ay de mí, que no era en vano
                          el quejarte y suspirar
                          toda la noche.

Abindarráez   Has de estar
                          atenta.

Jarifa   Di, esposo, hermano.

Abindarráez   ¿Tu hermano soy todavía?

Jarifa   Fuese la lengua, perdona.

Abindarráez   El trato antiguo la abona.
                     Escucha, Jarifa mía.
                        Llegó a Cartama Celindo
                     con tu carta, cuando estaba
                     el Sol inclinado al sur,
                     pardo y triste, y no sin causa.
                     Leíla, beséla, y dile
                     albricias de mi esperanza,
                     que se perdió en el ausencia,
                     después de llena de canas.
                     Vestíme, hermosa señora,
                     colores, plumas y galas;
                     que un alegre pensamiento
                     con todas tres se declara.
                     Bajé a nuestra huerta antigua,
                     y despedíme en voz alta
                     de los árboles y flores,
                     de las fuentes y las aguas.
                     Diles mil abrazos tiernos,
                     y ellos también se inclinaban
                     a darme para ti muchos,
                     que aún tienen alma las plantas.
                     Puse al estribo las mías
                     sin el arzón, y a la casa
                     le dije, volviendo el rostro:
                     «Piedras, Jarifa me aguarda.»
                     No sé si me respondieron;
                     pero sentí que sonaban
                     por largo trecho las fuentes.
                     O era envidia, o tu alabanza.
                     Éstas por todo el camino,
                     jornada, aunque breve, larga,
                     iban alternando a veces

entre la lengua y el alma;
cuando de unos robles verdes
entre pálidas retamas
oigo relinchos y voces,
y alzo la lanza y la adarga;
pero al punto estoy en medio
de cinco lanzas cristianas;
mas sin soberbia te digo
que eran pocas otras tantas;
y quizá porque eran pocas
trajo luego mi desgracia
otras tantas de refresco,
y una la mejor de España.
Éste fue el alcaide fuerte,
si sabes su nombre y fama,
que es de Alora y Antequera,
y estaba puesto en celada.
Apartó sus caballeros,
desafióme a batalla,
como caballero fuerte,
cuerpo a cuerpo en la campaña.
Como era fuerza, acepté;
y ansí, con la Luna clara,
comenzamos nuestra guerra,
jugando las fuertes lanzas;
y pues al fin me venció,
no me alabo. Decir basta
que tenía tres heridas,
en brazo, muslo y espaldas.
No me las dieron huyendo;
pero quien con diez batalla,
también sospecho que tiene
en las espaldas la cara.
Don Rodrigo de Narváez,

que así el alcaide se llama,
me prendió y llevaba a Alora,
de sus diez hombres en guarda,
cuando, viendo mi tristeza,
si le contaba la causa,
me prometió dar remedio;
y ansí, fue justo contarla.
Hizo el cristiano conmigo
esta gentileza extraña
con solo mi juramento,
porque le di la palabra
que dentro el día tercero
volvería a Alora sin falta
a ser su preso y cautivo.
Mira si es justo quebrarla,
y mira, mi bien, si debo
llorar mi suerte contraria,
pues le he de llevar el cuerpo
de quien tú tienes el alma.

Jarifa   No es justo que a hombre tan noble
la palabra le rompáis,
sino que antes la cumpláis
con satisfacción al doble.
Cuando os quisierais quedar,
no os lo consintiera yo;
que a quien tan bien procedió
no se le puede engañar.
Gran valor mostró el cristiano,
y obligó vuestro valor.
No han hecho hazaña mayor
César ni Alejandro Mano.
De la herida vuestra y mía
paciencia habré menester,

pues es forzoso volver
dentro del tercero día.
    Pero perdonadme vos
si con esto os importuno;
que si prometistes uno,
es fuerza que le deis dos.
    Yo, que soy vuestra cautiva,
tengo de ir con su cautivo,
porque si en vos, mi bien, vivo,
no es justo que sin vos viva.
    Tracemos partir a Alora
antes que mi padre venga.

Abindarráez   ¿Quién hay, Jarifa, que tenga
tal esposa y tal señora?
    No muestras menos valor
con ir con tu Abindarráez,
que entonces mostró Narváez
y aun creo que éste es mayor.
    Dame esas manos hermosas
por la merced que me haces;
que ansí por mí satisfaces
obligaciones forzosas.
    Conozco tu heroico nombre
y entendimiento en querer
enseñarme, aunque mujer,
lo más que debo a ser hombre.
    Pues es forzoso ir a Alora,
y quieres acompañarme,
hasta allá no he de curarme,
si no lo mandas, señora.
    Prevengamos la partida
para qué el día tercero
cumpla a tan buen caballero

la palabra prometida;
   Que yo fío de él que allí
de nuestro remedio trate.

Jarifa   Y cuando no haya rescate,
yo daré el alma por ti.

(Vanse.)

(Sale Arráez, atando las manos con un cordel a Alara.)

Arráez   Vuelve esas manos atrás,
y confiésame de plano
si te ha gozado el cristiano.

Alara   Digo que hablado no más.

Arráez   ¿De qué suerte?

Alara   No me aprietes.
¿Y el traerme a tu heredad
fue para tal crueldad?
¡Bien cumples lo que prometes!

Arráez   Con este engaño he querido
quitarte la vida aquí.
Todo lo que pasa di,
pues sabes que lo he sabido.

Alara   Digo que siempre Narváez
me ha tratado con desdén,
aunque me ha querido bien,
y ésta es la verdad, Arráez.
   La razón de este despecho

no ha sido haberme olvidado,
sino sentirse obligado
a la merced que te ha hecho;
    porque es de tanto valor...

Arráez   No le alabes.

Alara   Bien le alabo;
que no quiere que a su esclavo
falte por su causa honor.

Arráez   ¿Qué te ha enviado?

Alara   Aquel papel
que tú escribiste.

Arráez   ¿Y no más?

(Vanse, llevádola Arráez a lo interior de la huerta. Salen Narváez y Nuño, en hábito de moros, con Ardino.)

Ardino   Dentro en su heredad estás,
y aun pienso que cerca de él.

Narváez   Entre aquellos olivares
de esta huerta hablando están.

Nuño   Nuestros caballos se oirán.
Bien es que aquí poco pares,
    porque los ate en la cerca.
Si hay yeguas en los establos,
relincharán como diablos
si les da el viento de cerca.
    Vuélvete, señor, a Alora;

que hay grande peligro aquí.

Narváez   Nuño, en mi vida te vi
con miedo, si no es agora.

Nuño   Señor, cuando solo vengo,
jamás temo al enemigo;
mas cuando vengo contigo,
miedo de perderte tengo.

Narváez   Pues calla, que es desvarío;
y pues el cielo te ha hecho
sin poner miedo en tu pecho,
no le pongas en el mío.
Cuanto más, que no habrá aquí,
siendo en el campo heredad,
tanta gente.

Ardino   Así es verdad.

Narváez   Y algo valdré yo por mí.
Escuchemos lo que pasa.

(Vanse. Salen Alara, atada; Arráez; y después, Narváez, Nuño y Ardino.)

Arráez   No se excusa tu castigo
o me dirás si Rodrigo
ha entrado en mi propia casa.

(Salen Narváez, Nuño y Ardino, sin que los sientan, y quédanse escuchando.)

Narváez   De mí la pregunta. Escucha.

Alara   Jamás le he visto en Coín.

Nuño   Él la da tormento, en fin.
                        Debe de ser de garrucha.

Ardino   Él la debe de matar.

Arráez   Y tú, cuando a verme fuiste,
                        ¿Qué hiciste con él? ¿Qué hiciste?

Alara   No más de hablar.

Arráez   ¿Solo hablar?
                            ¿Qué te dijo?

Alara   Que si hubiera
                        sabido que era mujer
                        tuya, se dejara arder
                        primero que me escribiera.

Arráez   Más pasó. Di la verdad,
                        perra, que te mataré.

Alara   ¡Ay, que me matan!

Narváez   ¿Podré,
                        Nuño, sufrir tal crueldad?

Nuño   Aguarda.

Arráez   Y ese villano,
                        ese cobarde Rodrigo,
                        ¿podrá a tan justo castigo
                        agora impedir mi mano?
                            Que si la ponía en ti,

dijo que a Coín vendría
y mi casa quemaría,
y aun dijo que dentro a mí.
    ¡Por Alá, que habló el villano
tal, que me obliga a reír
de ver que entrar y salir
le parezca que es tan llano!
    ¡Oh rey, por eso pasas!
¿Que digan cristianos quieres
que forzarán las mujeres
y pondrán fuego a las casas?
    ¿Quién dio a Narváez cuidados
de los casamientos? Di.
¿Por dicha es nuestro alfaquí,
que compone los casados?
    Él habla entre su canalla;
que aquí, no sé si conmigo
osara el perro enemigo
cuerpo a cuerpo hacer batalla;
    que no hay una hormiga en él,
ni en otros diez, para Arráez.

(Adelantándose.)

Narváez   Aquí tienes a Narváez,
moro villano y cruel.
    Desnuda presto la espada.

Arráez (Aparte.)   (¡Ay de mí! ¡Vendido soy!)
Señor, a tus pies estoy,
y te la rindo envainada.

Narváez   ¿Por qué tan humilde quieres
ofender tus altos nombres?

Arráez

Porque todos somos hombres
hablando con las mujeres.
    Mal mi palabra cumplí.
pues has visto lo que pasa,
y es aquí, señor, mi casa.
Abrásame en ella a mí.

(Fisgando.)

Nuño

    «¿Quién dio a Narváez cuidados
de los casamientos? Di.
¿Por dicha es nuestro alfaquí,
que compone los casados?
    ¿Osara el perro enemigo
cuerpo a cuerpo hacer batalla?»

Narváez

¿Por qué Alara, Ardino, calla,
y no viene a hablar conmigo?

Alara

    Porque sé que has de dejarme
otra vez en el poder
de este moro, y ha de ser
ocasión para matarme.

Narváez

    No será. Fiad de mí.
Tomemos nuestros caballos,
que a Alora quiero llevallos.

Nuño

Bien haces. Vamos de aquí.

Arráez

    ¡A qué punto, triste moro,
te han traído injustos celos!

Alara   ¡Ay, mi alcaide de los cielos!

Narváez (Aparte.)   (¡Ay, Alara, que te adoro!)

(Vanse. Salen Zoraide, Celindo, Bajamed, y Zaro.)

Zoraide   ¿Qué es Lo que dices, bárbaro enemigo?

Celindo   Córtame, gran alcaide, la cabeza,
                       si te parece que la culpa es mía.

Zoraide   ¿Adónde está Jarifa?

Celindo   No presumas
                       que alguno de tu casa parte ha sido
                       para tanta desdicha.

Zoraide   Dime luego
                       quién la llevó y adónde está, Celindo,
                       o pasaréte aquese infame pecho.

Celindo   Señor, cuando a Granada te partiste,
                       vino aquí de secreto Abindarráez,
                       y se casó con ella.

Zoraide   ¡Ah, santo cielo!
                       Cumplióse lo que yo siempre temía.
                       ¿Que en fin el mal nacido Abencerraje
                       se casó con Jarifa? Pues di, perro,
                       ¿quién le dijo que no era hermano suyo?

Celindo   Dicen que ha mucho que ellos lo sabían,
                       y que casados de secreto estaban.

Zoraide   ¿Dónde la tiene agora?

Bajamed   El miedo tuyo
por ventura le esconde de tus ojos.

Celindo   No es miedo, Bajamed, que ha sido fuerza
ir a Alora los dos, porque era preso
de su alcaide Narváez, y al tercer día
juró volver, si libertad le diese;
y ella, como mujer, con él ha ido,
ansí por no esperar tu justo enojo,
como por no dejar a su marido.

Zoraide   Ensíllame un caballo, ponle a punto.
Dame una lanza y una adarga fuerte;
podrá ser que le alcance en el camino.

Celindo   Bien puede ser.

Zoraide   ¡Ah, fiero Bencerraje,
deshonra de mi honor y mi linaje!

(Vanse. Salen Narváez, Alara, Arráez, y Nuño.)

Narváez   Ya que en Alora estáis, mi dulce Alara,
pruebe vuestro cruel, fiero marido
el gusto de escuchar estos requiebros,
pues no quiso sufrir celos injustos.

Alara   Ya no es aquese nombre el propio suyo,
que yo, señor, me he de volver cristiana.

Arráez   Ni yo quiero tener el que he tenido;
que quien tiene mujer que le da celos,

mejor dirá que tiene sobre el pecho
un águila que come sus entrañas,
un monte grave y una eterna pena.

Narváez	Si vos cristiana habéis de ser, señora,
daréle libertad, y a Coín se vuelva.
Y vos podréis quedaros en Alora,
donde no os faltará lo que perdistes.

Arráez	Pues eso quiero; y si sufrir no pude
mujer hermosa, viviré sin ella,
y haré cuenta que es muerta; que bien puedo,
pues si es cristiana, no es la que solía.

Narváez	Primero que a Coín vuelvas, Arráez,
le has de dar la mitad de tu hacienda
para que viva aquí; si no, no creas
que de este cautiverio libre escapes.

Arráez	Y es poco lo que pides; yo me ofrezco
de darla con qué viva, y es partido
a trueco de escapar de sus rigores.

Narváez	Pues alto. En esto queden concertados.

(Sale Páez.)

Páez	Dame, señor, albricias.

Narváez	 Buenas sean.

Páez	Su palabra ha cumplido Abindarráez.

Narváez	No esperé menos de su nobleza;

que al fin acude a lo que debe en todo.

Páez

Y trae su persona acompañada
de una bella morisca rebozada.

(Salen Abindarráez y Jarifa.)

Abindarráez

   Danos, ilustre Narváez,
los pies a mí y mi esposa.

Narváez

Bien vengáis, Jarifa hermosa,
y vos, noble Abindarráez.

Abindarráez

   Bien merezco lauro y palma
de la merced que recibo,
pues, siendo el cuerpo el cautivo,
te vengo a traer el alma.

Jarifa

   Yo, famoso don Rodrigo,
Como a quien de tu valor
cupo la parte mayor,
tu nombre alabo y bendigo;
   y así, vengo a ser tu esclava.

Narváez

Mi señora seréis vos.
¡Cuán justamente a los dos
el cielo a amar inclinaba,
   que sois en extremo iguales!
y estad vos, Jarifa hermosa,
de Abindarráez quejosa,
que dice de vos mil males;
   que aunque mucho me decía,
hallo agora más en vos,
y es grande engaño —¡por Díos!

Jarifa

¡Qué extremada cortesía!
    Antes, si él os engañó
con deciros bien de mí,
vengo a estar corrida aquí.

Narváez

El que lo ha de ser soy yo;
    que si tal huésped creyera
que mi pobre casa honrara,
de otra suerte la ensanchara
para que mejor cupiera.
    Pero si en la voluntad,
como en la casa, se vive,
ésta el alma os apercibe
y os da a vos su libertad.
    Ya sois, señor Bencerraje,
de Jarifa: andad con Dios.

Abindarráez

Ella y yo somos de vos
con justo pleito homenaje.

Jarifa

    Señor, no me desechéis,
que quiero yo ser muy vuestra.

Narváez

Sujeta el alma se os muestra
para que vos la mandéis.
    Y perdonad si no había
preguntado cómo estáis.

Jarifa

Con la salud que me dais,
dando vida a la que es mía.

Narváez

    ¿Cómo va de las heridas?

Abindarráez	Un poco las tengo hinchadas.

Narváez	Aquí os serán bien curadas de quien os diera mil vidas.

(Salen Zoraide y algunos moros. Habla Zoraide desde dentro.)

Zoraide	Digo que tengo de entrar.

Narváez	¿Qué alboroto es ése?

(Saliendo.)

Zoraide	Afuera. si en tu casa no estuviera

Narváez	Vuelve la espada a envainar, y di quién eres.

Zoraide	Yo soy el alcaide de Coín.

Narváez	Ya sé tu enojo, y en fin, de por medio agora estoy. Deja, famoso Zoraide, las armas; que esto ya es hecho.

Zoraide	Por ti las dejo, a despecho de mi honor, famoso alcaide. No pudieran venir ellos a otro sagrado mayor.

Narváez	Si éstos son yerros de amor, ya viene el perdón con ellos.

Noble es el Abencerraje;
por tu hijo le has tenido.
Que le perdones te pido,
pues es de honrado linaje.

Zoraide
¿Cómo te puedo negar
cosa que tan justa es?

Narváez
Besa, Abindarráez, sus pies.

Abindarráez
Temblando habré de llegar.
Llegad, Jarifa, también.

Zoraide
Por mis hijos los recibo;
mas quedaos con el cautivo.

Narváez
Es de Jarifa.

Zoraide
¿De quién?

Narváez
A Jarifa se le di.

Jarifa
Yo, señor, le doy a vos.

Narváez
Pues yo os entrego a los dos.

Zoraide
Yo a vos tres, dándome a mí;
y os daré seis mil ducados
por los tres.

Narváez
Esos le doy
a Jarifa.

Jarifa
Vuestra soy.

Narváez   Queden al dote obligados.

Jarifa   Dos arcas de ropa blanca
                 de mi mano os enviaré.

Narváez   Ésas solas tomaré,
                 por ser de mano tan franca.

Zoraide   Su yerro juzgo por dicha.

Narváez   Y yo, haberos obligado.
                 Aquí acaba, gran senado,
                 el remedio en la desdicha.

                 Fin de la comedia

Libros a la carta

A la carta es un servicio especializado para
empresas,
librerías,
bibliotecas,
editoriales
y centros de enseñanza;
y permite confeccionar libros que, por su formato y concepción, sirven a los propósitos más específicos de estas instituciones.

Las empresas nos encargan ediciones personalizadas para marketing editorial o para regalos institucionales. Y los interesados solicitan, a título personal, ediciones antiguas, o no disponibles en el mercado; y las acompañan con notas y comentarios críticos.

Las ediciones tienen como apoyo un libro de estilo con todo tipo de referencias sobre los criterios de tratamiento tipográfico aplicados a nuestros libros que puede ser consultado en Linkgua-ediciones.com.

Linkgua edita por encargo diferentes versiones de una misma obra con distintos tratamientos ortotipográficos (actualizaciones de carácter divulgativo de un clásico, o versiones estrictamente fieles a la edición original de referencia).

Este servicio de ediciones a la carta le permitirá, si usted se dedica a la enseñanza, tener una forma de hacer pública su interpretación de un texto y, sobre una versión digitalizada «base», usted podrá introducir interpretaciones del texto fuente. Es un tópico que los profesores denuncien en clase los desmanes de una edición, o vayan comentando errores de interpretación de un texto y esta es una solución útil a esa necesidad del mundo académico.

Asimismo publicamos de manera sistemática, en un mismo catálogo, tesis doctorales y actas de congresos académicos, que son distribuidas a través de nuestra Web.

El servicio de «libros a la carta» funciona de dos formas.

1. Tenemos un fondo de libros digitalizados que usted puede personalizar en tiradas de al menos cinco ejemplares. Estas personalizaciones pueden ser de todo tipo: añadir notas de clase para uso de un grupo de estudiantes, introducir logos corporativos para uso con fines de marketing empresarial, etc. etc.

2. Buscamos libros descatalogados de otras editoriales y los reeditamos en tiradas cortas a petición de un cliente.